应用型大学翻转课堂与微课教学的理念和实践

——以英语教学为例

盛 婧 著

哈尔滨工程大学出版社
Harbin Engineering University Press

内容简介

本书结合英语教学实践，分别从听力、口语、语法、阅读、翻译、写作等方面出发，探讨了翻转课堂、微课的教学设计思路，同时将微课与翻转课堂相结合，创新英语教学方法，以更好地提升英语教学的实效性。

本书可供教师和学生适应当前英语教学方式转变的应用，也可为高校的教师和相关研究人员提供参考和依据。

图书在版编目（CIP）数据

应用型大学翻转课堂与微课教学的理念和实践 ：以英语教学为例 / 盛婧著 . — 哈尔滨 ：哈尔滨工程大学出版社 ，2022.11
　　ISBN 978-7-5661-3661-9

　　Ⅰ . ①应… Ⅱ . ①盛… Ⅲ . ①英语－课堂教学－教学研究－高等学校 Ⅳ . ① H319.3

中国版本图书馆 CIP 数据核字 (2022) 第 141598 号

应用型大学翻转课堂与微课教学的理念和实践——以英语教学为例
YINGYONGXING DAXUE FANZHUAN KETANG YU WEIKE JIAOXUE DE LINIAN HE SHIJIAN－YI YINGYU JIAOXUE WEILI

选题策划　马佳佳
责任编辑　马佳佳
封面设计　李海波

出版发行　哈尔滨工程大学出版社
社　　址　哈尔滨市南岗区南通大街 145 号
邮政编码　150001
发行电话　0451-82519328
传　　真　0451-82519699
经　　销　新华书店
印　　刷　哈尔滨午阳印刷有限公司
开　　本　787 mm×960 mm　1/16
印　　张　9.75
字　　数　175 千字
版　　次　2022 年 11 月第 1 版
印　　次　2022 年 11 月第 1 次印刷
定　　价　48.00 元
http://www.hrbeupress.com
E-mail:heupress@hrbeu.edu.cn

前　　言

　　进入 21 世纪以来，中国与世界的交流越来越频繁，而英语作为一门国际语言，一种交际工具，是应用型本科院校为国家培养实用型、复合型、创新型人才，提升学生全面素质、增加毕业生就业优势的重要环节。在传统英语教学模式下，教师主导课堂，学生被动参与，学生学习的积极性和主动性不高，学习兴趣不浓厚；学生的学习方式单一、死板，不能将所学运用到实际中，将学习英语视为一种任务。因此，应用型本科院校创新英语教学理念和方法十分关键。

　　翻转课堂是近年来广泛应用于高等教育的一种教学举措。课堂模式的翻转，是对师生传统互动型教学模式的颠覆，同时也是对"教师主宰课堂，学生被动参与"模式的颠覆。在翻转课堂模式下，学生、教学资源与教师三者的角色作用都发生了转变。其中，学生的角色作用是通过选择适合自己的学习方法来积极探究未知；教学资源的角色作用是帮助学生解疑、展示实例素材及、与学生进行良性互动；教师的角色作用则是协助学生学习，帮助学生解决学习中遇到的问题，攻克重点、难点知识。在这一过程中，微课作为承载教学资源的媒介，全面发挥其学习导向功能，是落实翻转课堂的重要体现。本书结合英语教学实践，分别从听力、口语、语法、阅读、翻译、写作等方面出发，探讨了翻转课堂、微课的教学设计思路，同时将微课与翻转课堂相结合，创新英语教学方法，以更好地提升英语教学的实效性。

　　本书由武昌理工学院的盛婧撰写。在撰写过程中，著者参考了诸多同类论著，吸取了其精髓，在本书出版之际，谨向这些学者、专家表示由衷的感谢。在编写过程中，著者着力进行全面探索和分析，但由于水平和经验有限，时间仓促，难免存在疏漏、认识不足之处，还希望诸位专家、学者、同行、读者予以批评和指正。

著　者

2022 年 10 月

目　　录

导　论

随着经济全球化和教育信息化的快速发展，传统教学模式已经不能适应时代发展的潮流，因此迫切需要一种新型教学模式促进教育教学的发展。传统的英语教学模式过于单一，缺乏多元性。单一的英语教学模式不仅不利于英语教师教学水平的提高，还不利于提高学生们的学习效率。首先，教师向学生们传授知识时，采用单一的灌输式教学方法，这样的教学方式使学生们学习越来越被动，逐渐丧失了自觉学习的能力。其次，传统的教学模式不利于学生们对英语学习兴趣的培养，不利于活跃课堂气氛，也不利于提高课堂教学的效率。在传统的英语课堂教学中，教师通常采用课堂问答、试卷考查的形式来对学生们的学习状况进行掌握，这样的教学模式使学生们失去了学习的主动性，学生们学习英语的兴趣也越来越低，长此以往，学生们学习英语的效率得不到提高，其英语水平也得不到相应的提高。

信息技术的迅猛发展及在教育教学领域的深入应用，正挑战并颠覆着"教师为中心"的传统教学法。翻转课堂，又名颠倒课堂，凭借现有的信息技术手段，对课前、课中、课后学习进行规划安排，塑造信息化教学环境，其正变革着传统课堂教学模式。翻转课堂教学模式在教育信息化大背景下应运而生，是教育信息化环境下教学改革的重要实践模式之一。翻转课堂打破传统教学的束缚，将学生从"填鸭式"的课堂中释放出来，鼓励学生自主探究、大胆创新、寓学于用。目前，此教学模式在我国英语学科方面的研究逐渐增多，但是具体到英语教学某个方面的研究相对较少，尤其对英语语法翻转课堂的研究甚少。语法是英语教学的重要环节，是语言学习的基础和条件，也是提高学生语言运用能力的关键。本书深入教学实践，将翻转课堂教学模式与英语教学相结合开展三轮行动研究，旨在探索翻转课堂能否改善当前英语教学模式、提高学习效率及培养学生自主学习的能力。

微课是指运用信息技术按照认知规律，呈现碎片化学习内容、过程及扩展素材的结构化数字资源，其核心组成内容是课堂教学视频（课例片段），同时还包含与该教学主题相关的教学设计、素材课件、教学反思、练习测试，以及学生反馈、教师点评等辅助性教学资源，它们以一定的组织关系和呈现方式共同"营造"了一个半结构化、主题式的资源单元应用"小环境"。因此，微课既有别于传统单一资源类型的教学课例、教学课件、教学设计、教学反思等教学资源，又是在其基础上继承和发展起来的一种新型教学资源，是一种新的教学手段。为了能够实现教育部《教育信息化十年发展规划（2011—2020年）》，进一步发展教育的信息化建设，2011年11月9日，教育部提出网易公开视频课程，视频课程中有20门课程可以免费观看，这些视频课程受到了公众的一致好评；2012年11月21日，"全国首届微课程"比赛在我国正式开展。各个学校也开始向教师们讲解关于微课的知识，组织教师看优秀的微课视频、学习制作微课视频。随之一些教育培训机构也开始使用微课，微课很快受到很多教育工作者的重视。通过将微课这一教学手段应用于英语教学过程中，教师可以了解学生对英语学习态度的转变，探讨用微课进行教学的应用效果。希望在这个过程中教师设计一些好的微课语法教学视频，通过网络来促进英语微课的应用研究与发展，教师之间可以互相借鉴，最终促进英语教学的发展。将微课这一教学手段运用在教学中，教师可以了解国内外对微课与英语教学现状的研究，丰富国内微课在英语教学方面的研究，从而引起英语教师对英语教学重要性的认识，不断提高英语教学的有效性和英语教师的教学能力。英语教师可以借助微课这一教学手段，在教学过程中结合具体的情境，设计出更加有趣的微课视频，让学生对英语学习感兴趣；对学生而言，微课能够为学生提供更多的资源，更好地帮助学生进行查漏补缺，方便学生做好课前预习和课后复习。因此，对于微课的实践探讨，将有助于明晰和规制微课资源的策划及运用，扩大资源的利用价值，从而更好地服务于教学和教育工作，促使学生高效地学习。

将基于微课的翻转课堂教学模式应用在英语课堂教学中，于学生而言，必定会产生一些积极的影响；于教师而言，亦会带来相应的挑战。

一、学生方面

第一，对于不同阶段的学生们来讲，其学习状态应该是主动的、独立的，应该摒弃之前的被动学习状态。在课堂中，学生们不仅要理解和掌握教师传授的知识，还要总结适合自己的学习方法，争取做到高效率、高质量地学习。因此，英语教师在授课时，通常言简意赅，这样的教学方法给学生们留出了大量的自主学习、自主思考的时间。将基于微课的翻转课堂教学模式运用于英语课堂教学中，学生们会有更多自主学习的时间，有助于学生自主学习能力的培养和英语水平的提高。

第二，微课翻转课堂教学模式满足了多元化教学的需求，传统的单一教学模式降低了学生们对英语学习的兴趣，导致学生们的学习效率降低。而多元化的教学模式既可以帮助学生们提高自身的创新能力，还可以使学生们的学习兴趣得到大幅度的提高。

第三，不管是哪个学科的教学，教学模式的运用十分重要，不仅关系到教师上课的教学质量，还关系到学生们的学习效率。英语教学也不例外，不仅需要有优质的教学模式，还需要良好的教学环境的辅助，以便更好地培养学生们的综合语言素质。将微课翻转课堂模式运用于英语教学中，有趣的、多元化的教学模式能为学生们营造良好的学习环境，有利于激发学生们学习英语的兴趣、活跃英语课堂的氛围，从而提高学生们的学习效率。举个简单的例子，英语教师在讲到外国的饮食文化时，可以提前收集整理相关的资料，并且将其制作成微课课件，在上课的时候，将有关外国饮食文化的视频播放给学生们观看。同时，将涉及的词语、句型、语法等相关的英语知识标注出来，然后让小组内成员一起讨论。这样做可以达到活跃课堂气氛、激发学生们学习兴趣的目的。

二、教师方面

第一，将基于微课的翻转课堂教学模式应用于英语课堂教学中，要求教师既要具备一定的创新思维能力，还要掌握计算机的相关操作知识，并且能引导学生们学以致用。比如，教师可以利用计算机制作相关的教学课件，并标注重点知识，这更加有利于教学内容的保存。除此之外，学生们也可以对课件进行拷贝，方便课后的复习。再如，教师在图片上面标注相关的释义，学生们在观看微课之后，如果有疑惑，可以标注下来，再与教师进行交流，这种方式也提高了课堂的效率。

第二，为了将微课翻转课堂的教学模式有效地运用于英语课堂教学中，教师应更新教育理念。教师要转变"只需传递知识"的思维模式，改变不断催促学生完成学习任务的思想，而是要注重学习过程，把培养能力放在至关重要的位置，让学生学会学习，培养发展思维能力、提高社会交往能力和民主参与讨论能力才是重中之重。翻转课堂的出现，更进一步折射出教育过程关注学生主体的重要性。

第三，教师应提高对学习过程的掌控能力。翻转课堂的互动很多，对教师的课堂掌控能力就会提出更高的要求。尤其是在大班额的情况下，应考虑到学生的个体差异和心理特点。所以教师课堂的掌控一定要适用于学生的学习情况，为学生提供更多的信任感、亲切感，引导他们将疑问提出来，促进良性的循环和互动。

作为翻转课堂的主要应用形式，微课以其新颖的教学形式、鲜明的教学主题、短小精悍的教学内容、良好的互动模式及广泛的应用平台，在教学领域被迅速认可和传播。把微课和翻转课堂结合起来可以突出教学重点与难点，充分实现知识内化、吸收，从时间和空间上重构课堂。微课设计得生动形象可以提高学生学习兴趣，改善教学氛围；而翻转课堂的实施可以提高学习效率，改善教学效果。目前，基于微课的翻转课堂模式在教学中的应用已经开始，且前景很好。但因为是起步阶段，其应用的质量和数量并未达到预期效果，在英语教学中的应用更是如此。因此，把此新模式应用到英语教学中非常有必要且是当务之急。

第一章 应用型大学概述

2004年5月，国务院下发《关于加快发展现代职业教育的决定》。该决定全面启动引导普通本科高等学校转型发展工作，明确了本科高校转型的总体目标、主要任务和保障措施，提出要"采取试点推动、示范引领等方式，引导一批普通本科高等学校向应用技术类型高等学校转型，重点举办本科职业教育。建立高等学校分类体系，实行分类管理，加快建立分类设置、评价、指导、拨款制度。招生、投入等政策措施向应用技术类型高等学校倾斜"。随后，一系列相关政策出台，全国百余所地方高校作为试点向应用型大学转型。应用型大学作为一种独立的高等教育类型，其建设大幕在我国正式开启。

研究发现，应用型大学缘于欧美，在各国有丰富的实践，它是科技革命和经济社会发展的必然产物，也是应用性作为大学基本属性的特定表现。在我国，有关应用型大学建设的理论探索在学术界早有涉及，政府在引导高校适应社会需求、开展应用型人才培养方面也做了政策探索，一些地方高校在应用型大学办学方面也积累了一些有益的经验。

第一节 应用型大学的缘起与发展

一、应用型大学的缘起

应用性是大学的基本属性。长期以来，为了纯科学的理想，古典大学经常不顾外部世界的巨大变迁，将知识本身就是目的视为圭臬，对大学的应用性视为"洪水猛兽"，但历史的发展并不以人的意志为转移，古典大学里教授们的怀旧情怀同样没能压抑应用性的呈现。处于中世纪的古典大学，"虽然在教会的控制之下日益远离世俗生活，但仍然具有鲜明的应用性特征"。从人才培养的角度看，为了解决当时商业发展中存在的各种经济纠纷问题，意大利博洛尼亚大学在12世纪曾大力培养法律人才；而为了抵御在欧洲不断出现的瘟疫等疾病的暴发，法国蒙彼利埃大学开设了大量的医学课程，并进行了早期的临床试验教学。作为古典大学最大堡垒的牛津大学和剑桥大学，"两校虽然旗帜鲜明地提出设立大学是为了给教会和政府培养服务人员。但就大学毕业生而言，在当时，他们都是实际工作者而不做思想家，做主教而不做神学家，做政治家而不做哲学家，做学校领导者而不做学者"。

第一次工业革命爆发之后，处于工业革命爆发期的英国和南北战争后资本主义大发展时期的美国，正迫切需要大量拥有现代意识，掌握工业化科技、经济和管理知识与技能的高素质产业人才。处于社会边缘、视为知识"象牙塔"的古典大学，如剑桥大学、牛津大学、哈佛大学和耶鲁大学等，仍坚守着人文教育、博雅教育或自由教育的传统，而将自然科学、应用技术等视为"雕虫小技"，集体缺席了工业革命提出的新挑战。

正如伯顿·克拉克所言："如果社会不能从原有机构中获得它所需要的东西，它将导致其他机构的产生。"从19世纪30年代起，在英国兴起了以伦敦大学为代表的11所新大学，它们打破了宗教贵族对高等教育的垄断，向新兴工业资产阶级伸出了接受高等教育的橄榄枝；它们围绕第一次工业革命和商业发展的各种需要，开设大量实用性课程，培养了大量产业需要的人才，被称为"新大学运动"。受"新大学运动"的影响，19世纪末20世纪初英国国内又崛起了一批"红砖大学"，成为英国应用型大学的新模式。"红砖大学"是指维多利亚时期在英国主要工业城市创建的一批私立大学，包括利物浦大学、曼彻斯特大学等，在数量上有数十所之多。这些大学的学科专业以工程、科技和医学为主，由于其处于英国的中心城市，与当地的企业有着广泛联系。在办学中，它们普及与工业生产和城市发展领域的专业知识及技能，提供面向市民的职业教育，满足经济建设和城市发展的需要。而英国开展"新大学运动"的同一时期，在《莫里尔法案》的推动下，美国在新开辟的广袤的中西部地区先后建立了69所学院，由于这些学院的宗旨即为在新开发土地上开展的工农业生产培养工程技术人才和农业科学技术人才，因此，这些学院又被称为农工学院。在成立之初，农工学院以短期教育为主，在办学定位、专业设置和服务面向等维度都体现了鲜明的职业教育特征。随着时间的推移、社会的发展和科技的进步，农工学院的学科设置也不断拓展，涉及经济、医疗、管理、教育和公共服务的各个领域，大多数农工学院也都升格为大学，并在各自领域做出了卓越的成就，现如今，一些学校已成为享誉世界的名校。

二、应用型大学的发展

应用型大学诞生之后，逐渐成为发达国家高等教育体系中的一种重要类型和必要组成部分。它不仅特色鲜明，肩负着培养高层次应用型人才，开展应用型研究、开发和服务的多重使命，为各国经济增长、社会繁荣和科技进步贡献力量，其具体形式和发展方式在不同时期、不同国家也发生着巨大变化。比如，英国多科技术学院、美国的社区学院、澳大利亚的科技大学、德国应用科技大学等，其中，德国应用科技大学尤为典型。

德国应用科技大学诞生于1960年，是20世纪60年代德国经济高速发展的产物。在这一时期，德国出现了大量的新兴产业，这些产业的诞生需要大量具有实践能力的高级专业人才。然而，德国的综合大学坚持培养"纯学术、无功利的学术人才"，个别工业大学培养的高层次专业人才也是"杯水车薪"，应用型人才成为制约德国经济发展的重要瓶颈。"不合时宜"的德国高等教育日益引起了德国企业界、教育界等社会各界的关注。1964年，著名教育改革家奥尔格·皮希特向德国各界发出警告："教育危机就意味着经济危机，如果我们缺少良好的教育后备力量，经济腾飞很快就会结束。"皮希特等的呼吁得到了德国政府的重视。1968年，德国各州通过并颁发了《各州统一应用科技大学的规定》（以下简称《规定》）。按照《规定》要求，1969—1971年，各州将原工程师学校、工业设计高级专科学校、社会公共事业学校、经济高级专科学校等中等职业学校进行合并改制。这些学校原本处于德国职业教育体系，虽然在德国也具有近百年的办学历史，办学条件也较为扎实，但其并非高等教育的一种类型。《规定》实施后，各州将其升格为一种更高层次的高等教育机构——应用科技大学，用以专门培养侧重于实际应用、专门性强的高级应用型人才。应用科技大学作为一种新的高等教育类型由此在德国正式诞生。它的出现，是对德国原有一元制高等教育结构的有利补充，德国高等教育二元制雏形在这一时期得以建立，同时也正好迎合了德国越来越多的中学生进入高等教育学校深造学习的需要。德国高等教育大众化得以启动并快速推进。

到1975年，仅仅五六年时间，德国应用科技大学已占德国高校的一半以上，招收的人数也达到了全国高校总招生人数的20.8%。为了更好地促进应用科技大学的发展，增强其对社会的吸引力，德国政府曾先后三次颁布和修订《高等教育法》，对应用型大学的定位进行了明确。1976年，德国在新颁布的《高等教育法》中，明确规定了应用科技大学与传统大学是德国高等教育的两种类型。1985年，为了进一步强调应用科技大学在德国高等教育体系中的地位，德国政府对《高等教育总法》进行了修订，取消了"研究型高校"的概念，强调了应用科技大学和其他类型的大学一样，同属高等教育，两者只有类型之分，绝无等级之别。而在1987年的第二次修订中，又进一步强调和推进了应用科技大学与其他各种类型高等学校之间的交流及合作，包括学分的互认、联合培养人才等。这些制度上的建设，推进了应用科技大学的稳步发展。20世纪90年代，改革继续不断推进。科学审议会是联邦德国负责对高校的结构发展、高教领域投资及科研促进工作的机构。1993年，该机构提出建议"关于德国高校政策的十个论题"。这十个论题对后来德国高等教育发展产生了深远影响，其中提到"那种对大学学习机会进行限制和对长期继续增长的学习需求加以遏止的观念与做法都是错误的""在高校系统中高等专科学校的扩建具有优先发展权，这种高校类型应作为高等教育领域里具有深远意义的选择来发展"。1994年，德国已有136所应用科技大学，在校生人数发展到398 200名。2000年，德国的应用科技大学达到154所，遍布全国16个州，在校生约425 485名。到了2007年，德国共有应用科技大学176所（含私立高等应用科技大学40所），为德国高校总数的45.9%，约占高等学校在校生总数的25%。应用科技大学真正成为德国第二大类高校，成为"德国经济发展的秘密武器"。

第二节　我国应用型大学的实践探索

经检索中国知网，应用型本科作为关键词最早出现于《高等工程教育研究》在1995年7月发表的文章《杭工院学习德国FH办学模式之我见》，作者是杭州应用工程技术学院的詹俊。应用型本科院校，又名为应用技术型普通本科院校，是指以应用技术类型为办学定位，以应用技术型本科教育为主的普通本科院校。对于应用型本科院校这一概念，学界最广为接受的解释是厦门大学资深教授潘懋元的解读，即应用型本科院校应具有以下特征：第一，以培养应用型人才为主；第二，以培养本科生为主；第三，以教学为主；第四，以面向地方为主。在本书中，应用型本科院校是指以应用型为办学定位，以应用型本科教育为主，以培养应用型技术技能型人才（应用型人才）为职责使命的本科院校。

一、地方高校的应用型大学探索

我国应用型大学萌芽于 20 世纪八九十年代，兴起于 21 世纪初期，在 2010 年后得到了迅速发展。在这一发展进程中，我国部分地方高校以各种形式探索着应用型大学建设的发展路径。

（一）改革开放初期应用型高校的探索

以北京联合大学为例。北京联合大学是一所典型的地方高校，成立于 1985 年，是经教育部批准成立的北京市属综合性大学。其前身是 1978 年北京市依靠清华大学、北京大学、人民大学、北京师范大学等高校举办的分校。几经发展，目前，北京联合大学已成为一所经、法、教、文、史、理、工、医、管、艺 10 个学科相互支撑、协调发展，以本科教育为主，研究生教育、高职教育和继续教育协调发展的完备人才培养体系高校，是北京市重点建设的应用型人才培养基地，也是北京地区规模最大的高校之一。

北京是高等教育密集之地，既需要大量的"学术性人才"，也需要一大批具有较强实践能力的应用型人才。作为新建的市属高校，北京联合大学提出了错位发展的办学思路，确立了以培养适应国家特别是首都经济社会发展需要的高素质应用型人才的培养目标，将"区域化"作为学校办学的基本定位。

1994 年，北京联合大学召开第一次党代会，再次对学校的办学定位进行了深入讨论，进一步厘清了对应用性人才的认识，成立了应用文理学院，重点发展应用性文理科，探索培养复合型应用人才。

1998 年，北京联合大学制定"九五"发展规划，确定了"立足北京，面向社会主义现代化建设第一线，坚持培养德智体等全面发展，适应经济建设和社会发展需要的应用性人才"的办学方向。之后，又明确了应用型高校的办学方向，将"发展应用性教育、培养应用性人才、建设应用型大学"确立为学校的办学宗旨，将"面向大众，服务首都；应用为本，争创一流"作为学校的办学定位。2002 年 6 月，北京市教育委员会批准在北京联合大学建设"技术应用性人才培养基地"项目。

2005 年，经过北京联合大学全校上下充分讨论和研究，该校将"学以致用"确立为校训。在迎接本科教学工作水平评估中，学校进一步总结、凝练了"办学为民、应用为本"的办学理念，确立了"以首都经济建设、社会发展和人力资源需求为依据，培养应用性人才……"的办学思路。近年来，围绕"发展应用性教育、培养应用型人才、建设应用型大学"的办学宗旨，该校进一步完善了人才培养模式改革的新思路，即面向北京市支柱和新兴产业，跨学科、跨专业培养复合应用型人才，探索创新特色人才培养模式。

作为我国较早开展应用型大学建设的高校之一，北京联合大学在 30 余年的办学过程中，从办学定位、办学宗旨、办学方向、办学思路等多个方面较好地阐释了"应用型"大学的独特内涵，取得了良好的成效，为我国地方高校开展应用型大学建设做了有益的探索，积累了丰富的实践经验。

（二）新建本科高校的探索

1999 年，第三次全国教育工作会议召开，启动了我国高等教育扩招的大幕，我国高等教育开始从精英化阶段向大众化阶段迈进。根据"巩固、充实、调整、合并"的要求，一大批地方高校升格为本科高校，从 2000—2015 年，我国应用型本科院校（含独立学院）共 678 所，占全国普通本科院校的 55.6%，占据了本科院校的半壁江山。

应用型本科院校的产生，一定程度上满足了人们追求更高层次教育的愿望，缓解了经济社会发展对更多高素质人才的需求，增加了教育消费，拉动了内需，带动了相关产业的发展。但由于应用型本科院校的来源主要由几类缺乏本科办学经验的高校升格而成，包括由师范专科升格而成，由财经、工科类的高专升格而成，由少量的成人高校或高职院校合并与改制而成，以及新建的独立学院等，导致其在成立初期，均不同程度地存在办学定位模糊、办学经验不足、办学资源缺乏、办学经费紧张、办学设施不够和办学师资薄弱等问题。其中，办学定位和人才培养定位的模糊也是困扰很多应用型本科院校的重要问题之一。为了解决这一制约学校办学的重要问题，一些应用型本科院校通过"抱团取暖"的办法，共同对这一问题进行探讨和实践。

1. 全国应用型本科院校联席会的探索

2000 年，来自全国的部分新建本科院校自发组织建立全国应用型本科院校联席会。联席会每年召开一次研讨会，到 2016 年已召开 16 次，全国 220 所新建本科高校成为联席会成员。会上，来自教育部高教司和全国应用型本科院校的领导与代表围绕在人才培养、专业建设、质量评估、办学定位等方面面临的系列问题，共同探讨，寻找对策。自 2010 年起，研讨会的主题开始转向应用型人才培养和应用型大学建设。例如，2010 年，研讨会的主题为"地方高校应用型人才培养与大学文化建设";2013 年的主题是"高素质应用型人才培养模式及其实现机制的探索";2015 年的主题是"深化产教融合、推进校企合作,加快地方本科高校转型发展";2016 年的主题是"创新发展、协同育人、质量保障"。这一年研讨会还发布了全国应用型本科院校联盟《成都共识》,提出"我们应当一以贯之坚持走培养应用型人才之路,结合自身实际,突出特色发展""培养大批高素质的应用型人才,满足经济社会发展的需要是我们的光荣使命"。这标志着培养应用型人才、建设应用型大学正成为新建本科高校的新定位和新共识。

2. 安徽省应用型本科高校(部分)联盟的实践

2008 年 12 月,在安徽省教育厅的支持下,安徽省 13 所应用型本科院校自愿组成校际合作组织——安徽省应用型本科高校(部分)联盟(以下简称"高校联盟")。高校联盟以构建高校交流与合作平台为基础,遵循"优势互补、资源共享、互惠互利、共同发展"的原则,联合打造该省高校(部分)战略联盟共同体,共同探寻应用型大学建设的有效路径。自成立以来,该高校联盟制定了联盟章程,开展了一系列建设性活动,取得了一定的成果。一是以合作联盟为平台,加强了对应用型人才培养模式的研究;二是加强了高校间专业对口交流;三是共同推进了人才培养体制的改革和"双师双能"型师资队伍、应用型人才培养课程体系与产学研教学基地的建设;四是共同推进教学质量工作的建设。2009 年,该高校联盟颁布了《安徽省高校(部分)联盟教师跨校互聘实施办法》《安徽省高校(部分)联盟学生互派与学分互认实施办法》《安徽省高校(部分)联盟开放实验室实施办法》等系列规章制度,推进安徽省应用型本科院校建设。同年,高校联盟还在安徽省教育厅的支持下立项建设了 5 所"省级示范应用型本科院校",进行应用型人才培养模式、课程设置、教材教法、师资队伍和专业建设等探索。

3. 应用技术大学(学院)联盟的实践

2013 年 6 月,在教育部的指导下,来自全国各地的 35 所地方本科院校在天津职业技术师范大学成立中国应用技术大学(学院)联盟(以下简称"联盟")。联盟的主要目标是围绕建设应用技术大学类型高等学校的目标,组织联盟成员单位推进教育改革创新,促进联盟成员的转型发展、合作交流、学术研究,推动建立产教融合和协同创新机制,推动地方高等学校更好地服务区域经济社会发展。参加联盟的成员定位于应用技术型人才培养,服务地方和行业,密切与行业和企业的合作，为企业提供人才培养和技术服务支撑。目前已拥有联盟成员近200所。联盟成立以来，举办了多项活动，至今先后举办了产教融合发展战略国际论坛5次，并深化联盟成员之间的交流与合作，扩大了应用型大学的社会影响力。同时，联盟注重加强与国外应用科技大学联盟的交流和合作，先后与德国应用科技大学联盟、荷兰高等教育国际交流中心等建立合作关系，推动我国应用科技大学的国际化办学。联盟下设的应用技术大学研究中心联合国内机构，形成了《欧洲应用技术大学国别研究报告》《地方本科院校转型发展研究报告》《地方本科院校转型发展实践与政策研究报告》等理论成果，为政府决策和地方高校的转型提供了有力的理论支撑。受应用技术大学（学院）联盟的影响，之后，湖北、河北、山东、浙江等省份也陆续成立了应用技术大学联盟，引导和推动本省的应用型大学建设工作。

（三）教学服务型大学的提出与探索

2007年，著名教育学者刘献君在《教育研究》杂志中发表《建设教学服务型大学——兼论高等学校分类》一文，提出"为了全面体现高等学校的社会职能，推动高等学校为地方经济社会发展服务，努力办出特色，提高办学水平和教育质量，除建设研究型大学、教学研究型大学、教学型本科院校外，还应该建设教学服务型大学"。关于教学服务型大学的内涵，刘献君认为，"教学服务型大学以本科教学为主，根据条件和需要适度进行研究生教育；教学和科学研究以服务地方为宗旨，培养地方需要的应用性人才，产出地方需要的应用性成果；大力开展以满足社会需要为目的的各种服务活动，形成为地方全方位服务的体系"。教学服务型大学的提法虽然与应用型大学的提法不同，但从其内涵上分析，无论是人才培养的目标与定位，还是科学研究与学校办学定位，两者都有很多共同之处。因此，关于教学服务型大学建设的实践，也是对应用型大学建设的一种有益探索。

刘献君的观点得到了一些新建本科高校的认同。据统计，截至2016年，全国已有50余所地方高校加入了教学服务型大学的阵营，并有不断扩大之势。浙江树人大学、武汉纺织大学、黑龙江工程学院、宁波大红鹰学院、常熟理工学院和铜仁学院等地方高校，明确将自身的办学目标定位于建设教学服务型大学，并按照教学服务型大学的建设思路和要求来规划与建设学校。这有效促进了学校的发展，也为地方经济社会的发展做出了积极贡献。例如，浙江树人大学在新一轮中长期发展规划中提出，要"为建设一所综合实力在全国民办高校中处于一流、部分学科和研究领域在全国高校中有重要影响的'教学服务型大学'而努力"。武汉纺织大学提出"瞄准产业所需，走'专业嵌入产业链，产业哺育专业群'之路的专业建设之路"。早在 2011 年，学校就按照"现代纺织、大纺织、超纺织"理念调整了学科布局，重组了院部、学科和专业，形成以纺织为龙头、理工专业为主体，人文艺术、经济管理为两翼，相关学科共同支撑，多学科协调发展的专业布局。

二、政府推进应用型大学的政策探索

如前所述，在我国，将应用型大学作为一种独立的高等教育类型提出是近年来的一个新现象，但有关应用型人才培养却不是一个新话题。政府作为我国高等教育的举办者和高等教育制度的主要供给者，在推进应用型大学建设过程中进行了多种政策探索。

（一）早期的政策探索

从中华人民共和国成立之初到 20 世纪八九十年代，在苏联高等教育体制和人才培养模式的影响下，我国高等教育无论是大学、专门学院还是高等专科学校，都以培养社会发展和行业所需的应用型人才为主要目标，尤其是专门学院和高等专科学校，具有很强的行业性，被称为"行业办大学"。改革开放初期，为了适应我国现代化建设需要，输送更多应用型人才，国家多次强调了这类人才的培养。

1983 年，国务院在批转教育部和国家计划委员会《关于加速发展高等教育的报告》中指出："要在发展中逐步调整好高等教育内部的比例关系，多办一些专科。""考虑到目前高等院校中，专科学生较少，而各方面所需要的专门人才中又急需补充专科毕业生，因此，各类高等院校所增加的招生任务，特别是工科主要应招收专科学生。"

20 世纪 80 年代末期，国家开始推动高等理工科教育改革。1990 年，原国家教育委员会牵头召开全国高等理科教育工作座谈会，即"兰州会议"，提出要构建"面向 21 世纪、规模适宜、布局合理、结构优化、加强基础、重视应用、分流培养、水平较高的具有中国特色社会主义理科教育体系"，要求"高等理科本科教育在培养少而精基础性研究和教学人才的同时，要把多数理科毕业生培养成具有良好科学素养的应用性理科人才"。同年,原国家教育委员会出台《关于深化改革高等理科教育的意见》,提出把多数理科毕业生培养成为适应实际应用部门需要的、具有良好科学素养的应用性人才,促进理科人才流向厂矿企业和其他应用部门是今后一个时期高等理科教育改革的重点。

1993年,鉴于当时高校人才培养的规格主要偏重基础理论研究和实用技术,面向地方的,尤其是基层的应用型人才缺乏这一现状,中共中央、国务院在《中国教育改革和发展纲要》中提出,高等教育发展的目标和战略之一就是"重点发展应用学科"。

(二)教育大众化实践阶段的政策探索

1998年,我国启动高校扩招,正式启动教育大众化战略。在这一过程中,国家不仅加强了对应用型人才培养的政策实践,同时也注重对应用型大学的理论探索。

2001年,教育部印发《关于加强高等学校本科教学工作提高教学质量的若干意见》的通知中强调,"以社会需求为导向,走多样化人才培养之路。高等学校要根据国家和地区、行业经济建设与社会发展的需要和自身特点……结合学校实际和生源状况,大力推进因材施教,探索多样化人才培养的有效途径"。2001年,教育部印发《关于做好普通高等学校本科学科专业结构调整工作的若干原则意见》中提出,"随着我国高等教育规模的扩大以及产业结构调整步伐的加快,社会对高层次应用型人才的需求将更加迫切。高等学校尤其是地方高等学校,要紧密结合地方经济发展需要,科学运用市场调节机制,合理调整和配置教育资源,加强应用型学科专业建设,积极设置主要面向地方支柱产业、高新技术产业、服务业的应用型学科专业,为地方经济建设输送各类应用性人才"。

2002年,党的十六大报告指出,要"造就数以亿计的高素质劳动者、数以万计的专门人才和一大批拔尖创新人才"。

2002年7月,教育部高教司在南京牵头召开应用型本科人才培养模式研讨会,来自全国29所工程应用型本科院校的院(校)长、副院(校)长、教务处负责人等共62人参加了会议。这是国家教育行政部门对"应用型本科人才"和"应用型本科教育"提法的首次正式回应。在这次会议上,与会的部分应用型本科院校倡议并发起成立了"全国(工程)应用型本科教育协作组",这是一个进行工程应用型本科教育改革与发展研究的学术性协作组织，在国家教育部高教司理工处和全国高等学校教学研究中心领导下开展工作，以"为繁荣我国高等教育事业和培养适应新型工业化发展所需的高素质应用型工程技术人才服务"为宗旨。但政府对有关应用型本科教育的认识仍局限在工程教育领域。

（三）新时期的政策推动

2010 年以后，我国高等教育进入从规模扩张向内涵发展的新时期。提高高等教育质量、优化高等教育结构成为新时期我国高等教育的主要任务。中央和地方政府对全面推动应用型大学建设出台了一系列的政策举措。

2010 年 7 月，《国家中长期教育改革和发展规划纲要（2010—2020 年）》颁布，其中明确提出，要"适应国家和区域经济社会发展需要，建立动态调整机制，不断优化高等教育结构。优化学科专业、类型、层次结构，促进多学科交叉和融合。重点扩大应用型、复合型、技能型人才培养规模。加快发展专业学位研究生教育"，将扩大应用型人才培养规模作为推动我国高等教育结构优化的重要举措。

2013 年，刘延东在出席全国职业院校技能大赛闭幕式上提出，要"鼓励推动地方本科高校向职业教育转型，使专业结构和层次结构与人力资源需求相适应，以增强学生就业创业能力和职业转换能力，提高就业率和就业质量"，并推动地方本科高校转型，将建设应用型大学作为加快发展现代职业教育的重要任务。2014 年 2 月，李克强主持国务院常务会议，部署加快发展现代职业教育，其中明确提出要"引导一批普通本科高校向应用技术型高校转型"。2014 年 6 月，全国职业教育工作会议召开，习近平同志就加快职业教育发展做出重要指示，强调要"深化体制机制改革，创新各层次各类型职业教育模式"。

在中央领导对应用型大学高度关注的同时，中央和地方政府出台了一系列政策，引导地方本科高校向应用型大学转型。2014—2015 年，国家先后颁布《国家新型城镇化规划（2014—2020 年）》《国务院关于加快发展现代职业教育的决定》《中共中央、国务院关于深化体制机制改革加快实施创新驱动发展战略的若干意见》《现代职业教育体系建设规划（2014—2020 年）》等一系列重要文件，从国家战略层面上，对地方高校向应用型转型，建设应用型大学做出了部署和强有力的政策引导。

与此同时，作为国家教育行政主管部门的教育部，也连续三年将推动地方高校向应用型转型作为重点工作之一。2014年提出"探索本科层次职业教育"，2015年则具体化为"印发《引导部分地方本科高校向应用技术型高校转型发展改革试点的指导意见》，启动改革试点，有序引导部分有条件、有意愿的地方高校转型发展"，2016年为"鼓励具备条件的普通本科高校向应用型转变，加大支持力度，有序开展改革试点，会同有关部门共同建立跟踪检查和评估制度"。在此期间，教育部会同国家发展和改革委员会、财政部颁布了《关于引导部分地方普通本科高校向应用型转变的指导意见》，其中，应用型大学作为一种高等教育类型而非高等教育层次的政策得以明确，为很多地方高校高举应用型大旗，开展应用型建设实践探索提供了强大的政策激励。地方高校在分类设置、分类拨款和分类评估制度框架下健康发展，其特色的制度环境开始显现。

随着中央政府一系列文件的出台，地方政府也发布了相应的规划纲要、实施意见或者通知等。例如，根据《国家中长期教育改革和发展规划纲要（2010—2020年）》的指导思想和战略目标，各地先后制定和发布了各自的规划纲要，对未来十年的教育改革和发展规划进行了整体谋划与布局。其中，各地都有针对性地就"应用型大学建设"进行了规划部署。例如，安徽省明确提出，"支持部分高校完成从传统办学模式的转型，建设应用型本科高校"；广东省提出"鼓励在珠江三角洲地区新设一批主要面向高新技术产业、先进制造业、生产性服务业的应用型本科学校和高等职业学院"。

同时，根据《国务院关于加快发展现代职业教育的决定》的指导思想和战略目标，各地先后制定了各自的实施意见，对到2020年的职业教育改革和发展谋划，其中20余个省区市的实施意见对推动本科院校向应用型大学转型有明确的表述。如江苏省提出"探索发展应用技术型本科教育"、安徽省提出"加快发展应用技术型本科和专业学位研究生教育"等。各地的实施意见也对建设应用型大学的总体要求、转型目标、转型任务和保障措施等做了具体的说明。

根据《关于引导部分地方普通本科高校向应用型转变的指导意见》的要求，截至2016年3月，已有15个省区市先后下发了通知，确定了200所地方本科高校整体转型为应用型大学或部分专业群的转型。各地也出台了具体方案，对转型提出了具体要求。例如，湖北省提出"转型高校的试点专业校企合作覆盖率达到85%以上、实践性教学课时比例达到30%以上、'双师型'教师逐步达到50%以上、到2016年特色优势专业在校生占在校生总规模比例不低于40%、试点高校来自中高职优秀毕业生的招生比例要逐步达到15%以上"；

山东省提出"到 2020 年，建成 60 个左右高水平应用型重点专业，进入全国同类专业前 10%，推动 10 所左右高校综合实力排名进入全国应用型本科高校前 10%；培育建设 40 个左右专业，逐步达到高水平应用型重点专业建设标准；适应现代农业、先进制造业、战略性新兴产业、现代服务业等经济社会发展需求，形成一批特色鲜明、优势突出的专业群，为我省经济社会发展提供更加有力的人才和技术支撑"。根据各地关于转型的要求，200 所参加转型试点的高校也均提出了各自的实施方案。

至此，我国从中央政府、教育主管部门到地方政府三级联动，多层次、多角度地推动地方本科高校向应用型大学转型的政策体系已初步建立，为地方高校以应用型为办学定位，加强自身建设，寻找新的发展优势，提供了强有力的制度和政策保障。

第三节 应用型大学本科教育与大学英语教学理论研究

一、应用型大学本科教育研究综述

应用型本科教育是我国高等教育进入大众化阶段的产物，与传统精英教育阶段的"精、尖、深"本科教育相比有一定区别。应用型本科教育以实践活动为主，主要培养学生的实践应用能力；精英教育阶段的本科教育以基础知识和学科知识为主，培养研究型和学术性人才。应用型本科教育的出现是对我国高等教育的丰富和补充。《国际教育标准分类法》把高等教育分为 5A、5B 两大类，前者为理论型高等教育，即本科教育；5B 为实用技术型高等教育，即高职高专。5A 中又分为 5A1 和 5A2，前者是研究型本科教育，后者是应用型本科教育。在我国高等教育体系中，5A2 是本科层次的应用型高等教育，是以学科为基础的精英教育。然而，随着科学技术的突飞猛进和科技应用水平的不断提高，如科技、工程、管理应用等方面的一线管理人才极其缺乏，很大部分应用型本科院校开展的应用型本科教育就承担了培养这种高级专门应用型人才的任务，弥补了传统高等教育的不足，丰富了高等教育的办学类型。

应用型本科教育主要培养本科层次的应用型人才。有学者认为，学术型人才，也叫科学性、理论型人才，以发现和研究客观规律为主要任务；应用型人才则是利用客观规律为社会的发展服务。应用型人才可以分为工程型（设计、规划、决策型人才）、技术型（工艺、执行、中间型人才）、技能型（技艺、操作型人才）。应用型本科教育主要培养工程类和技术类人才。工程类人才主要是利用科学知识和原理制作设计方案与图纸，技术类人才则是在前者设计的方案和图纸转化为产品的过程中，进行开发、管理等活动。这两类人才的职业定位是利用现代科学和现代技术将科学技术转变为生产力的工程师、高级应用型人才。学者们对本科层次应用型人才的功能和职业定位都比较明确。虽然研究者普遍认为应用型本科教育既不是对高等职业教育的简单提升，也不是降低要求的本科教育，但也没有找到适合的基准线。由此，本科层次的应用型人才素养方面的要求比较模糊，在知识方面，既要求有广度，又要求有深度；在能力方面，既要求有应用能力，又要求有创新能力；在综合素质方面，不仅要有专业素养，还要求有非专业素养。这种对本科层次应用型人才素养要求的模糊性和双重性，就导致在人才培养过程中教学实施、评价方面的一些困扰。

应用型本科教育具有行业性和社会性特征。潘懋元认为，应用型本科教育是以教学为中心，以服务地方为主的本科教育。该教育类型主要以各行各业的专门知识为主要教学内容，培养学生学术和为职业准备的教育。行业性和社会性是应用型本科教育的本质特征，其组织形式和教育过程要注重与社会的融合，其在办学和人才培养上要密切与企业进行深度合作，产学研相结合是培养本科层次应用型人才的主要方式。

应用型本科院校承担着应用型本科教育的重任。1999年高校实行扩招以来，我国有很大一批专科学校通过合并、重组、改制等方式组建成为本科院校，这批本科院校成立时间短。随后应用型本科教育这一概念出现，据查1988年发表在《江南论坛》上的《应用型本科应重试创造性培养》一文在国内最早提出"应用型本科"这一概念。应用型本科院校和应用型本科教育这两个概念几乎同时出现，是我国高等教育进入大众化阶段的一种新的高等教育类型。应用型本科院校承担着培养应用型本科人才的任务，是应用型本科教育的主要实施者。虽然应用型本科院校在最初的定位上有"攀高、求大"等倾向，但经过这些年的发展，基于定位研究、社会需求和应用型本科院校的战略调整，这类本科院校的定位逐渐向"高水平、应用型和教学为主"等方向转变。

二、大学英语教学研究综述

随着我国高等教育进入大众化阶段，高校人数逐年增加，新建本科院校如雨后春笋般涌现。新建本科院校如何定位，决定了今后它们的发展方向，也引起了社会各界的广泛关注，很多专家学者对这一课题进行了深入研究，最后一致认为：新建本科院校的定位是紧密结合地方、区域经济发展需求，培养应用型人才。大学英语作为新建本科院校的一门必修课，如何有效地开展教学，有关学者、专家也进行了这方面的探究。但对于转型时期新建本科院校大学英语教学方面的理论和实践研究比较少，缺乏系统性。目前对大学英语教学方面的研究主要集中在以下几个方面。

（一）大学英语教学现状及对策研究

部分学者对本科院校大学英语教学中存在的问题进行了一些描述和分析，并针对问题提出了一些建议。施应凤等认为当前新建本科院校存在学生基础差、英语水平参差不齐，教学设施有限、不能满足教学需要，建议应通过四、六级考试来调动学生学习英语的积极性，加强硬件设施设备的投入，改善办学条件。言捷智认为要改变传统的教学观念，把以教师为中心培养语言和实践技能的模式转为以学生为中心，着重培养学生的学习能力，运用网络和多媒体改变传统的教学模式，以重视基础英语课程向学生提供多样大学英语菜单改变供学生选择。此外，还有一些学者对本科院校大学英语课堂教学进行了研究，并提出就教学理念、策略、方法等方面进行改革。

（二）英语课程改革研究

进入 21 世纪以来，学者们从不同的视角对大学英语课程改革提出了自己的见解。陈红提出减少基础英语（ECP），强化个性化的拓展课程的英语课程教学模式，该模式突出体现个体特长的语言技能或专门用途英语（ESP）。裴霜霜从哲学的角度思考，认为应该以培养"全人"为目标，人文性与工具性兼顾，考虑学生的英语水平和层次差异，进行基础英语、通识教育、专门用途英语与双语课程进行结合，分层次、按阶段培养。构建立体化课程体系，拓展英语水平能力认证渠道，开展专业课双语教学，培养国际视野、双语能力和优秀专业素养的人才。

（三）英语教师队伍建设研究

师资队伍质量直接关系到大学英语教学目标的实现、教学效果的好坏。就新建本科院校英语课程师资力量薄弱的情况，施应凤提出，除了引进一些高学历、高职称的高素质人才外，鼓励45岁以下的青年教师读研、读博、海外进修、访学，加强与名牌高校的联系、交流合作，以提高教师素质。马永强等以 ESP 为背景，通过对教师的专业发展意识、知识机构、能力，专业发展内容、影响因素进行问卷调查，提出关注并激发教师的自我发展需求意识，调整、优化教师的知识结构，组建学习型、合作型的教学团队，建立促进教师发展的体制机制。此外，不少学者还结合研究背景对大学英语师资队伍建设进行了分析研究。如李冰《教育信息化背景下的大学英语师资队伍建设》，艾格平《绩效考核机制下大学英语教师队伍建设》，孙建光、余洪红《国际化人才培养与大学英语师资队伍建设》等，他们分别从不同的角度，对师资队伍建设进行了研究。李冰提出高校应加强校园基础设施建设，培养教师信息化技能和意识，提高教师整合信息技术与教学的能力，推动师资队伍建设。艾格平认为高校应健全绩效考核机制，促进英语教师自身素质的提高，从而推动高校英语师资队伍建设。孙建光等结合高等教育国际化背景提出，高校要厘清英语教师在培养国际化人才中的作用，通过树立大学英语教师国际化教育理念、转变角色，培养现有师资与引进海外相结合，促进英语教师队伍建设。

（四）大学英语教学评价研究

教学评价作为教学的重要环节，是就教师的教学效果和学生的学习情况进行诊断评估的重要手段，可为提高教学效果和学习效率提供依据。因此针对这一课题的研究引起了不少学者、专家的重视。

对于大学英语教学评价的研究主要集中在对大学英语课程评价体系的构建方面。金艳在对课程评价概念界定的基础上，构思了大学英语课程评价体系。她认为应该吸取不同评价模式的优势，对课程设计、教学实施、教学效果等各个环节进行分类分层评价，采用多种评价方式，从而改变以考代评的现状，以实现大学英语教学目标。目前，构建大学英语课程评价体系要完成的主要任务是：建立评价指标体系和评价标准，完善评价体制和培训评价人员，建立评价机构等。刘秀梅以大数据时代为背景，提出对大学英语课程评价体系进行优化，实现评价主体多元化，过程与终结性评价互补，定性与定量相结合。章于红、李宝红等基于构建主义多元化评价理论和多元智力理论，提出构建多元化的大学英语教学评价体系，以形成评价主体、内容、目标、方式、多元化的评价体系。

通过分析学者们对大学英语教学的研究发现，人们围绕公共英语教学的各个环节已做了不同程度的探索，也形成了一定的理论体系。然而结合新建本科院校向应用型本科院校转型这一背景，针对新建本科院校大学英语教学方面的研究微乎其微。处于转型期的新建本科院校其办学定位是：立足地方，为当地经济发展建设服务，培养高素质应用型技术人才。新建本科院校很多都是由原来的中等职业学校和成人教育学校转型升级而来，与老牌的本科院校相比，成立的时间较短，软件和硬件设施还存在一定差距。因此，这些应用型本科院校在转型期就会遇到与其他普通本科院校不同的问题和困难，在大学英语教学方面也是如此。大学英语教学如何为培养应用型技术人才服务，如何为专业英语教学服务是一个非常值得思考的问题。

第四节　大学英语在应用型本科院校的重要性及特殊性

一、大学英语在应用型本科院校的重要性

英语作为一门国际通用语言，多年以来就纳入了我国的教育体系，无论是在小学、初中还是高中都具有十分重要的地位。大学英语作为一门公共必修课程，是所有高校的在校学生都必须学习的一门课程，可见，无论是国家还是社会都赋予了这门课程极大的重视。大学英语在应用型人才培养中也具有十分重要的作用。

（一）大学英语是本科层次应用型人才与国际接轨的重要标志

随着国际间的交流日益频繁，作为国际通用语之一的英语，也使用得越来越多。无论是在外交还是在科研领域都随处可见。应用型本科院校培养的本科层次应用型人才，是为了解决当前我国高等教育人才培养与社会人才需求存在的结构性失调问题。本科层次的应用型人才不仅要具有过硬的专业知识和创新能力，还应该具备一定的英语水平，不仅能满足我国社会经济发展转型的需要，还应该适应激烈的国际竞争，英语不仅是这类人才参与国际竞争与合作的重要工具，更是我国应用型人才与国际接轨的重要标志。

（二）大学英语是完善学生知识结构的重要组成部分

大学英语是各大高校均需开设的一门课程，也是完善学生知识结构的重要组成部分。多年来人们对教育就提出了要培养德、智、体、美、劳全面发展的人才，

作为应用型本科院校的学生个体，不仅要具有过硬的专业技能，还必须有丰富的科学文化知识。英语作为一门国际通用语言，其中包含了丰富的语言知识和语言技能，当代大学生，尤其是作为本科层次应用型人才的当代大学生要具有完善的知识结构，大学英语是一门必不可少而又十分重要的课程。

（三）大学英语为学习专业英语提供了重要条件

大学英语作为一门基础课程，是应用型本科院校为低年级学生开设的必修课。大学英语对学生之前所学的英语语言知识和技能进行巩固、强化，在培养学生听、说、读、写等基本技能的基础上，结合学生所学专业，与之后的专业英语教学接轨，为学生在高年级学习专业英语打下坚实基础。学生只有在具备了一定英语基础的前提下，才可能对英语学习感兴趣，才能够主动地学习专业英语，才可能把专业英语学好。

（四）大学英语是本科层次应用型人才今后发展的重要前提

应用型本科院校培养的本科层次应用型人才，不仅要满足国内经济社会转型发展的需要，还应走出国门与国际接轨。现如今我国科技信息等领域都比之前发达了，然而还需要向其他发达国家学习一些更加先进的知识技术，采用取长补短的方式，来弥补自己存在的不足。本科层次的应用型人才是我国走向世界、把国外先进科学技术引进来的重要力量。只有学好英语，有一定英语基本功的情况下，才可能学好先进的科学技术，以达到学以致用的目的，从而实现终身学习与发展的目的。

二、应用型本科院校大学英语教学的特殊性

应用型本科院校的培养目标与普通本科院校有很大的不同，因此大学英语教学也存在一定的特殊性。

（一）人才培养目标上强调应用性

新建本科院校在逐步向应用型本科院校转型，其人才培养目标有别于普通本科院校，更强调人才的应用性。潘懋元把我国高等院校分为三类：第一类是综合研究型大学，培养社会创新顶级人才；第二类是多科或单科型专门性大学、学院，培养应用型高级专门人才；第三类是培养生产、服务、管理等一线人才的职业技术院校。潘懋元认为，新建本科院校的人才培养目标属于第二类，即

培养应用型高级专门人才，也就是应用开发型人才。由此可见，新建本科院校的人才培养目标与普通本科院校的培养目标有很大的差别。

（二）学生的英语基础参差不齐

学生作为学习的主体，其已具备的英语知识和现有的实际情况在很大程度上制约与影响着教学活动的开展。在日常的教学活动中，所谓的教师备课，不仅要备教材、备教法，还要备学生，即对学生的现有的知识水平有比较全面的了解，才能做到有的放矢。四川省新建本科院校的大学英语教师在访谈中提到，新建本科院校的学生为第三批次录取的学生，学生在入学时的英语语言基础与普通本科院校的学生相比存在较大差距，再加之学生入学时英语水平参差不齐，这都给新建本科院校大学英语教学的开展带来一定的挑战。

（三）教学内容更具实用性、职业性

普通本科院校的大学英语课程，着眼于应对大学英语四、六级考试，围绕培养学生的听、说、读、写能力来开展教学，以社会政治、经济、文化生活为题材，话题编排强调趣味性，以提高学生的学习兴趣为目的，其实质还是以提高过级率为宗旨的应试教学的延续，其结果便是英语过级率提高了，但学生却出现了高分低能的现象。新建本科院校所培养的人才，不仅要具备较强的英语语言能力，还应该具备专业技术知识。因此，英语学习不能是简单的英语语言知识的学习，而应该与某一学科或领域的专业知识相结合，即大学英语结合专门用途英语安排教学内容，以满足学生的专业需求，教学题材应与学生将从事的行业和职业有关。

（四）教学方式上，以实践教学为主

新建本科院校所培养的人才是能够适应社会转型发展的高级应用型人才，即能够适应未来行业发展和岗位需求的高级专门人才。大学英语教学的目的在很大程度上是为了提高学生的英语水平，但更应该体现其实用性和应用性，为学生在未来某一行业工作、科研深造打下坚实的基础。因此，大学英语的教学形式应以实践教学为主，与学生将从事的行业和工作环境联系起来，让学生了解在真实的工作中可能会用到的英语是怎样的，在正式踏上工作岗位之后知道如何学以致用。

（五）授课教师有一定的行业知识

普通本科院校的大学英语课程主要教授学术书面或口头交流所用到的英语，注重英语语言知识和理论知识教学；新建本科院校的大学英语重点在于教授职场中如商务活动中用到的英语，具有较强的实践性。新建本科院校要想培养出本科层次的应用型人才，首先作为教学活动设计者和组织者的教师，在教学活动中处于主导地位，就不仅要具备扎实的英语语言知识，还应具有一定的专业知识和从事过某一行业的从业背景。也就是说担任大学英语课程的教师是有丰富社会实践的专业人才，对某一行业职业有充分的认识，同时还有一定的英语语言知识和能力。俗话说"青出于蓝胜于蓝"，学生亦有可能会比老师强，但首先只有真才实学的老师才能够教出有一定水平、层次的学生。

（六）课程考核重点在学生实践能力方面

普通本科院校大学英语课程的考核方式主要采用终结性评价来考查学生的学习情况，通过书面考试的方式进行，并结合大学英语四、六级考试的过级率来评判大学英语的教学情况。新建本科院校，由于其注重培养学生的实践能力，因此其考核重点也应该在此。普通本科院校采用的一纸成绩来评价学生的学习情况的终结性考核方式不太适合新建本科院校大学英语课程的考核方式。

第二章 国内应用型大学英语教学的问题和对策

大学英语课程作为大学外语教育的最主要内容，是大多数非英语专业学生在大学一、二年级本科教育阶段必修的公共基础课程，是将英语基础知识、应用技能与专业相结合的课程，致力于培养学生英语应用能力，以适应我国经济发展和国际交流的需要。大学外语教育是我国高等教育的重要组成部分，对于促进大学生知识、能力和综合素质的协调发展具有重要意义，在人才培养方面具有不可替代的重要作用。

第一节 国内应用型大学英语教学存在的问题

一、学校层面的问题

（一）课程体系不完整

以武昌理工学院为例，其在升到本科前一直承担专科层次学生的培养任务。升格为本科层次的高校后，办学定位转向到应用型。在人才培养方案方面，通常以参考同层次学校相同或相近专业的做法，自身缺乏校本属性。《大学英语教学指南》（以下简称《指南》）（教育部 2017 最新版）是一个纲领性的文件，是大学英语教学的指导性意见，是新时期普通高等学校制定大学英语教学大纲、进行课程建设、开展课程评价的依据。不同学校办学水平不一样，学生的层次不一样，因而不能用同一指南去指引所有层次的本科学生。调查中发现，大部分学校仅把大学英语当作公共必修课开设，修完英语课程之后，结合学生所学专业开设的专门用途英语课程较少；对于专业英语提升的课程，如物流英语、计算机专业英语等，则开设得更少。

（二）课程方向不明确

《指南》中指出：大学外语教育是我国高等教育的重要组成部分，对于促进大学生知识、能力和综合素质的协调发展具有重要意义；大学英语课程是高等学校人文教育的一部分，兼有工具性和人文性双重性质。培养学生的英语应用能力，增强跨文化交流意识和交际能力，同时发展自主学习能力，提高综合文化素养，使他们在学习、生活、社会交往和未来工作中能够有效地使用英语，满足国家、社会、学校和个人发展的需要。应用型本科院校由于办学时间短，对于大学英语学科的认识不充分，而且为了迎接本科办学水平评估的需要，把大学英语四、六级考试的通过率看得较为重要，不太重视学生的真正需求。学校过度重视英语过级率，不太重视学生在这门课程的教学中人文方面的培养与社会主义核心价值观的融入。仅有少数教师认为英语课程是让学生能更好地与教师互动，要让学生在了解外国社会与文化的同时，对外国文化有思辨意识，具备跨文化交际的能力。

（三）课程目标通识化程度不高

学校在设置本校大学英语教学大纲的时候，过多地强调英语的基础知识，在教学的过程中没有摆脱以教师为中心的传统教学方式，认为在教学过程中只要用到多媒体设备，学生的英语水平就能快速提高。但在问卷调查中，部分学生反映自身的英语水平还维持原样，还有很大的提高空间。开设适合应用型本科院校学生使用的通识化课程是急切需要做的事情。目前学校所开设的大学英语课程以传统的基础课程为主，缺少学术基础英语教学，不能为学有余力的学生以后学习 ESP 或者 EOP 相关课程做准备。

（四）课程班级规模大

一些学校升格为本科后，招生规模迅速扩大，由于受到师资及教学资源方面的限制，采取大班教学的模式。国内外学者通常将学生人数超过 50 人的班级称为大班。调查中，四所学校的班级人数一般为 55~70 人，甚至个别班级人数 90 人以上。大班化教学导致学生在课堂中无法全部参与到课堂的互动中，教师对于学生的个体关注度不太够。此外，由于学生之间英语水平的差异，按照同样的教学内容和教学进度，导致学生之间的学习效率不一。英语水平欠佳的学生对于一般水平或更高水平的教学内容会难以适应，产生英语畏难情绪。教师开展听、说、读、写、译各项英语专项教学中，无法针对每位学生开展详细的评价和反馈。这些情况都不利于英语教学的有效开展。

（五）英语教材缺乏专业针对性

调查的结果显示，对于教材使用情况，各校所用教材包括：复旦大学出版社的《21世纪大学英语应用型综合教程》系列用书、中国人民大学出版社的《实用大学英语》系列用书、外语教学与研究出版社的《新标准大学英语》系列教材和《新视野大学英语》系列教材、高等教育出版社的《大学英语》系列图书等。以上所列教材大都是统编版，针对的是全国所有本科办学层次的学生，教材中所列的文章大都是书面化用语，主要针对学生所要掌握的词汇、句式及惯用表达等进行展现。部分教材中对学生的学习兴趣激发方面不够，学生的后续学习时间无法完全达到应用型人才培养对大学英语教学的要求。统编版的教材，无法针对学生英语水平的差异性，导致教学目标模糊化，教学目的不够明确，缺乏针对性。

二、教师层面的问题

（一）师资力量不足

在应用型大学从事大学英语教学的教师，大多数是学校升格为本科前专科办学层次的教师。他们的专业多为师范类院校里的英语或英语教育专业及教育学相关专业。部分教师为非师范类普通高等学校英语或相关专业毕业，极少数教师是近年来从国外留学回来、专业为TESOL的英语教师。调查中发现，大部分已获得高级职称的教师，多为原来学校处于专科时期获得，升格本科后晋升高级职称的教师较少。其原因是，部分教师受到自身的学历和资历的限制，学校升格本科后，参照的是普通本科高校的评审标准，他们在职称晋升方面较难进一步提升。调查中发现，学校升格本科前，大多数学校的大学英语教师中，初、中级职称的教师比例较高，高级职称比例普遍少于25%，正高级职称教师多为1~2人，个别学校甚至没有正高级职称的大学英语教师。学校升格本科后，随着招生规模的扩大，原有的大学英语师资已经不能满足日常的教学要求。为缓解这一矛盾，解决师资不足问题，学校需引进数量众多的英语及相关专业的教师，新进教师大多毕业于综合类院校的英语专业。学校的师资引进主要是考虑避免与学校原有的师资队伍学缘结构相同。新进教师，在读研期间受到过专业培训，具备扎实的英语专业知识，但他们大多数没有经过师范类的教育学、心理学及学科教学法的专门培训。到一线工作岗位之后，新进教师对于大学英语课程的教学目的、教学方法、教学策略等方面把握不够，加上教学实践少，往往会导致教学效果下降，影响学生的英语学习。

（二）教学目标过于单一

根据访谈材料，教师被问及"其所在的应用型本科院校正向应用型院校转型，与其他非应用型本科院校相比，大学英语教学的教学目标、教学内容、教学方法上有何不同"这个问题时，部分教师认为应用型本科院校就是在进行基础英语教学中加入一些学生所学专业的英语术语就可以；少数教师认为应用型就是主要用英语对学生所学相关专业的内容进行授课；也有部分教师谈到，用一半的时间学习基础知识，再用另一半的时间学习相关的行业英语知识。有的教师认为应用型本科和普通本科的英语教学一样，都受到教育部本科办学水平评估相关指标的约束，学生的大学英语四级通过率是学生英语水平的关键评估指标。谈及《指南》颁布后，大学英语教学应该如何为培养应用型人才服务这个问题时，部分教师认为应该把以教师为中心的单纯传授知识，转变为以培养学生的英语综合应用能力为主，特别是听、说能力，使他们在今后学习、工作和社会交往中能用英语有效地进行交际。面对转型期，大学英语教学要如何转变，教师们认为还需要结合学校的人才培养方案继续摸索。

（三）部分英语类教师的行业英语能力不够强

由于受到升格本科前学校办学层次的限制，学校所招收到的英语教师大多数都是本科毕业。教师参加工作之后，只能通过进修而获得更高的学历或学位，缺少到母语为英语的国家进修、学习的机会，很难真正提高自身的专业素质。此外，学校升格本科后，新进的教师也多为语言类专业毕业，按照新建本科高校培养应用型人才的需要，大学英语教师既要具备英语听、说、读、写等方面的基础教学能力，又要具有针对学生的专业进行职业英语方面的辅导能力。这些大学英语教师没有行业和企业单位的工作经历与经验，也没有进行专业的职业培训，无法满足应用型人才的师资要求。

三、学生层面的问题

（一）不够重视大学英语学习

通过对学生的问卷调查分析表明，大多数学生认为上大学应该做的事情是学习、获取社会实践经验和人际关系。他们认为英语学习就是为了考级和通过期末考试，没有意识到英语作为语言工具的真实意义。考试只是对英语的水平测试，但没有兼顾到英语应用能力的培养。调查中发现，30%的学生认为英语课程与其他课程相比较不太重要。这说明有近30%的学生对英语的重视程度还不够，需要大学英语教师在以后的教学工作中对学生英语学习的兴趣、学习目标、学习动力等需要做好指引。

（二）不了解专业英语的重要性

在问卷调查中，学生们被问到对英语（基础英语）、专门用途英语（工具性职业英语）和通识英语（人文英语）的区别这个问题时，70%的学生不能完全理解这三种英语的区别。基础英语（English for General Purpose，EGP）是以获取英语语言知识、基本技能和对外交际能力为主；专门用途英语是来自基础英语，以某一特定学科、行业、领域相关的英语知识为主；专业英语（Major English，ME），以某一特定学科、行业、领域的专业知识本身为主。与老牌普通本科院校学生相比，应用型本科院校学生的英语基础相对较弱，在进行一年的基础英语学习之后，有少部分学生会选择中等难度的专业英语进行拓展，大部分学生还是继续学习通用英语。这使得学生在面对将来的工作需求和职场需要的时候，心有余而力不足。对他们而言，通用英语能力的不足，使得他们将来无法把英语当成所从事职业工作的工具，无法施展具备行业英语的基本技能，缺乏用英语进行交流和沟通的能力。

（三）缺乏实践性英语语言应用环境

语言是用来沟通的，良好的语言环境在整个大学英语教学过程中有着积极的作用。通常在大学英语课堂教学中，学生学习的内容与将来就业的实践性语言环境不一样。建立实践性的语言应用环境可以让学生在课堂中，将自身的语言能力与将来的职业环境结合起来，促进语言学习，实现学以致用。调查中发现，大多数学校的语言教学仅限于课堂教学和完成教师布置的课后作业，学生无法结合专业，有效开展实践性的语言运用。

第二节　国内应用型大学教学问题应对措施

《国家中长期教育改革和发展规划纲要（2010—2020 年）》明确提出，要引导高校特别是应用型本科院校办出特色，优化学科专业结构，紧密结合地方经济社会发展需求，树立多样化、系统化的人才观，大力培养应用型、复合型、技能型、创新型人才等。2019 年颁布的《国家职业教育改革实施方案》（职教 20 条）着重对高等院校的转型、教师队伍建设、职业人才培养等方面给予新的指示。近年来，广西壮族自治区应用型本科院校在升格之后，在学校办学定位、办学思路、人才培养方案、专业集群建设、为地方社会服务及应用型人才培养方面提出了更高的要求和标准。教育部颁布的《指南》明确指出大学英语教学改革势在必行。当前我国幅员辽阔，各地区、各高校之间情况差异较大，大学英语教学应贯彻分类指导、因材施教的原则，以适应个性化教学的实际需要。对于本科院校所面临的教育部本科办学水平评估体系中，观测点之一就是"迎评专业学生的大学英语等级考试的通过率（学生大学英语四级或六级的分数在 425 分及以上）"占所在年级全体学生的比例，以及观测近三届本科毕业生的"考研率及录取率"。在提高学生英语水平方面，作为其中重要的公共必修课的大学英语课程的教学质量，在一定程度上起着非常重要的作用。为此，下文针对应用型大学英语课程存在的诸多问题，并结合大学英语课程的特殊性及转型期人才培养的要求，特提出大学英语教学课程改革的应对措施。

一、对于学校层面的建议

（一）控制班级规模并实行分级教学

学校升格本科之后，为满足地方社会对应用型人才的需要，逐步扩大招生的规模。目前，部分应用型本科院校由于师资和学校压缩公共课学分的缘故，班级规模为 60~90 人。英语语言传授过程中，往往会受到时间和空间的限制，教学人数多的班级，教师无法有效地控制课堂并开展全面的语言教学互动。因此，大学英语教学小班化改革势在必行。一般来说，小班语言教学的规模在 40 人左右，结合实际，不宜超过 45 人。小班化教学也面临着一个问题，班上的学生来自不同地方，各地的英语教学水平有差异，导致其英语水平也有不同。如何解决小班教学所产生的问题，那就是分级教学。分级教学，又叫差异教学、分层教学、自然分材教学、分类推进教学等。分级教学以因材施教原则及美国著名的应用语言学家 Stephen D. Krashen（1982）提出的二语习得理论中的语言输入假说（i+1）理论作为基础，根据不同的学生语言认知和掌握能力的不同，依据所在院校的《大学英语教学大纲》，分类指导，按不同的教学计划，因材施教，提升学生的英语水平。一般来说，分级教学分成不同班级的主要依据是参考学生高考的英语成绩和入学以后的英语水平测验，按照学生英语水平的不同分成快班、中班、慢班。分配分级教学授课教师方面，也要兼顾老、中、青教师相结合。在授课内容方面，根据学生的学习情况适时调整合理的授课内容和授课计划。同时，为避免两极分化，也应关注分级教学中师生的心理变化，适时调整。应用型本科院校的大学英语教学模式正处于调整时期，分级教学所在班级的学生没有因为英语水平不一样而被分成三、六、九等。对于大多数同学而言，与相同水平同学一起学习，成绩挫败感得到较好的消除。同时，大学英语教师可以根据学生的学情和教情，因材施教，提升学生的学习积极性，提高学生的英语应用能力。

二语习得理论为大学英语分级教学奠定了理论基础，在有限的英语教学中让不同英语水平的学生学有所得，提升教学效果。开展分级教学的同时，还应进行动态管理。每个学期，依据学生英语成绩的综合表现，适当调整各层次学生的班级人数。科学化、人性化的分级模式，能促进教师的校本科研，也能体现对学生的人文关怀和情感关怀。对于转型期的本科院校大学英语教学来说，分级教学的重要性不言而喻。

（二）优化英语教师的评价

《指南》中明确指出：大学英语课程评价涵盖课程体系的各个环节，应综合运用各种评价方法与手段，处理好内部评价与外部评价、形成性评价与终结性评价之间的关系，实现从传统的"对课程结果的终结性评价"向"促进课程发展的形成性评价"转变。教学评估是大学英语课程教学的一个重要环节。它既是教师获取教学反馈信息、改进教学管理、保证教学质量的重要依据，又是学生调整学习策略、改进学习方法、提高学习效率的有效手段。大学英语课程的考核方式主要是考试和考查，分为形成性考核和终结性考核。形成性考核包括平时学习情况，如出勤率、预习、课堂表现、作业、测试等。终结性考核为期末考试，考核类型是闭卷试卷类。按照应用型本科院校的实际，考虑到英语学习的过程评价，建议调整大学英语形成性评价的比例。其中，形成性考核从占 30% 提高到 50%，终结性考核从占 70% 降低为 50%。此外，应用型本科院校应依据《指南》编写本校的《大学英语教学大纲》和适度调整应用型本科高校的人才培养目标，制定出科学合理的教学评价模式。

（三）采用线上与线下的混合式教学模式

《指南》中指出：大学英语应大力推进最新信息技术与课程教学的融合，继续发挥现代教育技术，特别是信息技术在外语教学中的重要作用。各高校应充分利用信息技术，积极创建多元的教与学的环境。当前，广西壮族自治区大部分应用型本科院校通过本科办学水平评估，近几年少数升格的院校正在积极准备本科办学水平评估。按照评估的要求，大多数应用型本科院校已经建好学校校园网，在加大对教学软、硬件投入的同时，开展智慧校园建设。混合式教学模式，就是把互联网教学和传统教学相结合的一种"线上＋线下"教学模式。在"互联网＋"背景下，混合式教学转换教师的教学理念和教学方式，教师通过建设和合理利用微课、慕课、SPOC 课，利用网上优质的网络平台资源。在培养应用型人才的背景下，教师利用网络平台开展班级授课，作为课程的引导者，设计线上和线下的课程内容；学生作为课程的参加者，把线下内容与线上内容相结合。教师针对英语的不同课型，设计对应的教学策略，采用教学设计——小组合作学习——教学反馈等三种方式循环进行，实现课堂的线下教学与网络的线上教学相融合，学生的英语学习向主动性、自主性和个性化的方向发展。

（四）加强岗位英语教学

2015 年，教育部、国家发展和改革委员会、财政部《关于引导部分地方普通本科高校向应用型转变的指导意见》中指出：倡导高校"加快融入区域经济社会发展，建立合作关系，使转型高校更好地与当地创新要素资源对接，与行业企业人才培养和技术创新需求对接"。2017 年 12 月，国务院办公厅印发《关于深化产教融合的若干意见》，明确鼓励企业依法参与举办高等教育，支持引导企业深度参与高等学校教育教学改革。2019 年颁布的"职教 20 条"明确指出：从 2019 年开始，在职业院校、应用型本科高校启动"学历证书＋若干职业技能等级证书"制度试点（以下称"1+X 证书制度试点"）工作。应用型本科院校的定位之一是服务地方经济，培养应用型人才。随着产业全球化进程加快，与外界的交流也越来越多，不仅有国内的交流，也包含与境外、国外的交流与沟通。而在应用型本科院校的实际教学中，如何培养懂英语的应用型人才也迫在眉睫。学校为应用型人才的培养提供了学习的环境，通过教学，锻炼学生的英语基本技能，但如何让学生在将来的实际工作中真正用上英语，还是一个待解决的问题。学生只有通过实践，才能领会如何使用英语为岗位工作服务。解决这一难题的关键，就是进行校企合作。学校通过与相关企业进行合作，建立校外实训基地，为学生开展创新创业培训；引进企业有经验的员工作为兼职教师，在校内开展教学。学生经过校内培训学习，掌握一定的相关知识后，到企业参加实践，学以致用。此外，也可以邀请企业参与研讨专业人才培养方案，在产学研合作模式下为培养应用型英语人才做贡献。

（五）"内培外引"提高教师队伍水平

从调研中了解到，广西壮族自治区应用型本科院校的英语师资较为薄弱，其整体素质与综合型或研究型大学相比还有很大差距。目前师资大都是由原来升格本科前的高等专科学校或高等职业技术学院外语系的教师担任大学英语教学工作。近年来，因为学校学士学位授予权或本科办学水平评估的原因，引进了部分全日制的硕士研究生和博士研究生，部分专业教师具有副高级或正高级职称。这些"外引"的措施不能从根本上改变人才不足的状况。学校应该针对师资暂时薄弱的现状，制订短期的人才提升计划：继续加大人才引进的力度，提高学校现有师资水平。对于大学英语教师，一是鼓励本科学历的教师通过同等学力或攻读研究生的方式提升学历和学位；鼓励45周岁以下拥有硕士研究生学位的教师攻读博士研究生，攻读学位期间，以委托培养的形式进行，学校负责其学费开支，并为其继续发放基本工资待遇和缴纳社会保险，免除教师的后顾之忧。二是利用国家留学基金（西部项目）、广西壮族自治区教育厅的留学基金项目、广西壮族自治区高等学校强基工程项目、世界银行贷款项目，以及国外或境外校际间友好学校互派教师合作项目，送英语教师到国外进行中、短期进修，以访学或攻读学位的方式提升专业能力。通过"内培外引"建立一支结构合理的应用型英语师资队伍。

（六）校本教材与国家规划教材相结合

调研中发现，目前广西壮族自治区新建本科院校中所使用的大学英语教材多为统编的规划教材，依照教育部研制的"中国英语能力等级量表"和《指南》

为编写原则，体现大学英语课程的工具性和人文性的特点，将大学英语分为基础目标、提高目标和发展目标等三个等级。大学英语规划教材多为通识英语教材。合理使用规划教材，有利于广大教师正确把握教学目标，有利于培养学生的英语应用能力、跨文化交际能力和语言交流能力。为更有效地服务地方，应用型本科院校应该结合应用型人才培养目标，结合本校的实际情况并利用校企合作资源，研发出既适合本校学生，又能够衔接行业英语教学的校本教材和教学模式。行业英语是由通识英语向专门用途英语过渡的课程，是我国职业英语教学实践中衍生的概念，适合应用型高校大学英语课程的拓展方向。校本教材在遵循社会主义核心价值观的理念下，鼓励大学英语教师与学生所学专业课教师合作，结合专业和涉外场所必需的基本语言功能，编写出适合本校特定专业的专门用途英语教材，从而更好地为培养应用型人才服务。目前，部分学院的大学英语教师结合学校学生专业和行业的属性，出版了针对相关专业的《物流英语》《计算机英语》《体育英语》等教材，有效地推动了学校大学英语教学改革。

二、对于教师层面的建议

（一）采用新型的课程教学模式

与以往只注重词汇、句型、语法和结构的学习不一样，大学英语课程已经摆脱了传统模式下以教材为主、教案为辅的教学形式，以及教师是教学的执行者和监督者，学生只是学习被动接收者的模式。大学英语教学中，加德纳的多元智能理论能有效满足学生学习的差异化和多元化。教师注意学生的差异性，因材施教，在新时代的大学英语教学中，转变观念，采用"线上"与"线下"相结合的模式。目前，大多数纸质教材都与相应的数字化教学平台相结合，包括学生的自主学习平台（PC 端和移动端）、教学辅助平台、在线测试平台、教学评价平台、师生互动平台及网络管理平台等。教师应善于利用网络平台，激发学生的兴趣，增强自信，消除英语学习中的不安情绪，找到适合学生的教学模式，通过网络平台为学生自主学习搭建起一个立体的语言学习环境。

（二）开展大学英语教学改革

相比较而言，本科教育具有系统性、学术性、创新性和创业性的特征，而专科教育具有职业性、应用性和技能性的特征。应用型本科院校是以应用性为主的应用型本科。《指南》明确指出：大学英语教学以英语的实际使用为导向，以培养学生的英语应用能力为重点。英语应用能力是指用英语在学习、生活和未来工作中进行沟通、交流的能力。大学英语在注重发展学生通用语言能力的同时，应进一步增强其学术英语或职业英语交流能力和跨文化交际能力，以使学生在日常生活、专业学习和职业岗位等不同领域或语境中能够用英语有效地进行交流。依据维果斯基的"最近发展区理论"，在大学英语教学改革中，教师可以根据教学的情况设计出匹配"最近发展区"的教学手段。教学过程中，教师根据学生的个体差异和英语水平，找出适合学生的"最近发展区"。一般来说，分层教学是体现这一理论的有效途径。分层教学包括学生分层、教师备课分层、教学分层、评价分层、作业分层和课外辅导分层等几个方面。合理利用"最近发展区"理论可以使学生能够融入教学活动中，激发学生的学习兴趣，积极主动地参与学习。教师在分层教学的同时，根据不同的教学内容，制定出满足各个层次学生需要的"最近发展区"，因材施教，促进英语教学相长。大学英语教师应根据应用型本科院校培养应用型人才的需要，改进人才培养模式、教学方式和教学手段，积极探索适合本校校情的教学改革路径，切实提高本科英语教学水平和质量。

（三）深入企业提升英语教师的专业能力

新建应用型本科院校主要培养应用型人才。为达到这一目标，专业的教师必不可少。合格的大学英语教师不仅要具备过硬的语言教学技能，也需要具备相关的行业知识和实践能力。获取相关的行业知识和从业经验的途径就是进入企业中锻炼。英语教师进入企业中锻炼，是新时期提升应用型本科人才师资养力量的有效方式；是学校培养"双师型"教师队伍、提升教师专业能力，以及培养服务人才的有效举措。"职教20条"指出：职业院校、应用型本科高校教师每年至少一个月在企业或实训基地实训，落实教师五年一周期的全员轮训制度。访谈中发现，有的应用型本科学校已经尝试将商务、营销和电商等相关专业的实习生输送到部分涉外企业实习，同时也选派一些大学英语教师参加这些企业的行业培训，随后到企业短期工作。通过教师进入企业中锻炼，紧密联系校企合作。一方面，教师到企业工作，有利于积累行业工作经验，为以后的行业英语教学做准备；另一方面，教师在行业一线工作，可以积累与行业相关的第一手资料和案例，为以后编写岗位相关的英语讲义或教材准备素材。

（四）提升英语教师的学历层次

从调研教师的访谈中了解到，近年来，应用型本科院校英语教师中，45 周岁以下的教师拥有硕士学位的比例逐年增加。一方面，各院校为满足学士学位授权评估和本科办学水平评估指标中对全日制师资的要求，大量引进全日制硕士研究生；另一方面，学校鼓励大学英语教师参加在职学历提升项目获取研究生学历，少部分教师通过同等学力申请获得硕士学位，但此方式获得硕士学位教师的比例还有待进一步提高。目前，应用型本科院校正处于过渡转型期，十分重视现有大学英语师资水平的提升，教师要充分利用好学校师资队伍建设的政策，努力提高个人专业素质，适应学校发展的要求。

（五）贯通大学英语与专业教学

全球一体化进程背景下，社会对既懂外语又懂专业的复合型人才需求越来越大。为满足各行各业对人才的需要，应用型本科高校开设了专门用途英语课程。不同于注重基础语言教学的通识英语，专门用途英语是为某一特定学科或专业所开设的英语课程，课程有特定的目标和需要。具有扎实英语语言基本功的学生学习专门用途英语更容易，而基础较弱的学生则较为困难。为避免此类现象出现，通识英语教学应适当与学生所学专业知识和专业案例相结合，增加学生在特定工作场景下的英语语言实践能力，为学生以后选修专门用途英语课程打下良好的基础。此外，进行专门用途英语教学授课前，大学英语教师与专业课教师一起跨学科备课，设计教学模式，完善教学内容；也可以邀请校外具有外语专业背景的从业人员开设讲座、进行业务实操等方式，为学生营造一个学习英语的氛围。

三、对于学生层面的建议

（一）加深学生对英语的重视程度

调查中发现，部分学生上大学之后，对英语的重视程度不够。他们只把英语当成获得毕业证的一门公共必修课程，没有意识到英语作为工具的重要性。在大学期间，学生应把英语与专业结合，为将来面对日益激烈的求职竞争做准备，增强自身的竞争力，更好地提升自我。此外，面对全球经济一体化的趋势，各行各业之间交往不断，应用型本科院校应该加深学生对大学英语服务社会的意识，利用自身的专业优势和基本的英语交际能力，为涉外企业的管理和生产服务。

（二）以第二课堂培养学生学习英语的兴趣

培养语言能力的重要途径是实践，学生在课堂上学习英语时间有限，可通过第二课堂以多种多样的形式激发学生的学习兴趣。一般来说，第二课堂有助于学生把课堂上学习的理论知识与实践相结合，提升英语应用技能。英语第二课堂包括校园英语角、英语配音、讲英语故事和学唱英语歌曲等。对于传统的英语第二课堂，学生参与度不太高，需要创新第二课堂的模式。如英语配音活动，有别于以往用英文原版电影进行配音，难度太大，学生参与度不高的情况。在创新的第二课堂下，学生们自由组队，利用有趣配音 App 的分级素材和英文字幕在课余时间进行配音。完成作品后，每组派一名成员介绍本组的作品，并在课堂上播放。教师进行评价，学生进行组间互评。这一系列的英语学习过程，既激发了学生的学习兴趣，又提升了学习氛围。此外，还可以鼓励学生参加与自身专业相关的英语竞赛。如汽车英语术语大赛、物流专业英语竞赛等，这些第二课堂活动可为学生今后的职业发展打下良好的基础。

（三）运用新媒体开展大学英语学习

根据建构主义学习理论，在大学英语教学中，学生是语言教学的主体，是英语听、说、读、写、译等技能的主动构建者。学习过程中，在教师和学伴的帮助下，学生的英语学习过程是一种使用各种信息资源建构意义知识的过程。在"互联网+"背景下，学生的英语学习环境不仅仅局限于课堂学习，学生可通过互联网终端设备，如手机、台式电脑和平板电脑等开展线上学习。线上学习有别于传统的课堂教学，使不同学情的学生进行不同层级的英语学习；它不受时间和空间的限制，是课堂学习的有效补充。学生利用网络教学平台丰富的教学资源进行英语学习，以群聊、论坛、私信等方式，与同学和教师就英语学习遇到的问题开展讨论。学生可以根据自身的英语水平，选择适合自身的学习资源和学习进度，以提升自主学习能力。此外，教师在教学过程中，利用网络平台对学生的学习进行记录，通过签到打卡、布置任务、批改作业等方式，引导和监督学生的学习过程，保证学生学习进度和学习效率。

第三章 微课概述

微课作为新时代全新教学模式之一，凭借内容的精要化、时间的灵活化、主题的鲜明化及形式的多样化等一系列特征，引起了我国高等教育领域的高度重视。

第一节 微课的概念和内涵

一、微课的概念

在我国，随着微课实践的不断丰富和相关研究的逐步深化，人们对微课的认识也越来越深刻、全面，众多教育技术学界的专家学者、教育企业及教育行政部门都给"微课"一词做出了定义。

（一）胡铁生的定义

微课创始人胡铁生老师在 2011 年、2012 年、2013 年先后对微课的定义进行了完善。最终将"微课"定义为以微型教学视频为载体，针对某个学科知识点（如重点、难点、疑点、考点等）或教学环节（如学习活动、主题、实验、任务等）而设计开发的一种情景化、支持多种学习方式的新型在线网络视频课程。

（二）教育部教育管理信息中心的定义

"微课"的全称为微型视频课程，它是以教学视频为主要呈现方式，围绕学科知识点、例题习题、疑难问题、实验操作等进行的教学过程及相关资源的有机结合体。

（三）教育部全国高校教师网络培训中心的定义

微课是以视频为主要载体，记录教师围绕某个知识点或教学环节开展的简短、完整的教学活动。

（四）"凤凰微课"的定义

微课是个微小的课程教学应用，是一种以 5～10 分钟甚至更短时长为单位的微型课程。它以视频为主要载体，特别适宜与智能手机、平板电脑等移动设备相结合，为大众提供碎片化、移动式的网络学习新体验。

（五）焦建利的定义

微课是以阐述某一知识点为目标，以短小精悍的在线视频为表现形式，以学习或教学应用为目的的在线教学视频。

（六）黎加厚的定义

微课是指时间在 10 分钟以内，有明确的教学目标，内容短小，集中说明一个问题的小课程。

（七）张一春的定义

微课是指为使学习者自主学习获得最佳效果，经过精心的信息化教学设计，以流媒体形式展示的围绕某个知识点或教学环节开展的简短、完整的教学活动。

张一春认为，微课的形式是自主学习，目的是效果最佳，设计是精心的信息化教学设计，形式是流媒体，内容是某个知识点或教学环节，时间是简短的，本质是完整的教学活动。因此，制作微课时，要从学生的角度出发，而不是从教师的角度，要体现以学生为本的教学思想。

（八）郑小军的定义

微课是为支持翻转学习、混合学习、移动学习、碎片化学习等多种学习方式，以短小精悍的微型教学视频为主要载体，针对某个学科知识点或教学环节而精心设计开发的一种情景化、趣味性、可视化的数字化学习资源包。

（九）吴秉健的定义

微课是为满足个性化学习差异的需要，以分享知识和技能为目的，师生都可以通过录制增强学习实境、实现语义互联的简短视频或动画（可附相关的学习任务清单和小测验等）制作，又能成为被学习者定制和嵌入的维基资源分享内容。

通过比较，以上定义从本质上并无太大差异，只是在不同的语境下有不同的内涵。广义的"微课"包括"微讲座""微课程""微课教学"。"微课"的理念、形式和实践早已有之，借助当代信息技术与通信技术，微课演变成为一种可普遍推广的教学行为，一种由教师而并非专业人士就可以设计开发和记录优质教学资源的手段。与此同时，又催发多种基于微课的创新教学模式。

二、微课的特点

微课具有以下八个主要特点。

（一）教学时间较短

教学视频是微课的核心组成内容。根据中小学生的认知特点和学习规律，微课的时长一般为5~8分钟，最长不宜超过10分钟；本科与高职的微课一般在15分钟左右，最长不宜超过20分钟。因此，相对于传统的40分钟或45分钟的一节课的教学课例来说，微课可以称为"课例片段"或"微课例"。

（二）教学内容较少

微课不同于传统的教学，其在实际教学中主要针对特定的主题及教学重点展开，这更加便于教师对主题的教学。微课存在的价值是为了突出课堂教学中所要表达的重点及难点问题。通过聚焦的方式进行二次学习，这样使得所要教学的课题更加精练，同时也便于学生的学习和理解。

（三）资源容量较小

微课主要采用视频及其他辅助教学硬件展开。例如，一堂微课在电脑上所占用的空间只有几十兆字节，同时在视频格式的选择上也非常丰富，几乎涵盖了所有的媒体格式，这样师生在进行教学及学习时就非常方便。此外，资源量小的微课资源也非常便于储存和携带，通常一些常用的存储设备就很容易进行储存和转发，这样更加方便了教师的教学及学生的学习。

（四）资源构成"情景化"，资源使用方便

微课采用的教学形式非常多样化，同时其所要表达的教学内容也非常明确完整。视频片段的播放方式及多样化的多媒体素材等更加容易使教学内容变得情景化，从而加深学生的共识和理解。教师在进行微课教学时利用情景化的教学课件更容易将学生带到教学情境中，学生会更加真实和具体地体会到教学中的内容。同时这种教学方式还能够锻炼学生的思维能力及感知能力。长期进行

微课教学还可以提高教师的技能及专业能力，从而提升课堂教学质量。学校可以针对微课进行教学改革，利用微课带来的优势补足自身在教学模式创新方面的弱点，从而加强学校的影响力。

（五）主题突出，内容具体

微课表现的主题通常精练且专一，这就体现出了微课具有主题突出、内容具体的特点。通过对单一问题和难点的精练及学习，可以加深学生对知识点的理解。同时，微课在解决一些如学习策略、学习方法等具体而明确的问题时也具有非常积极的作用。

（六）草根研究，趣味创作

微课以短小精练而著称。人们针对自己感兴趣或者自己所学专业进行制作，所以微课被越来越多的人所研究和创造。微课因教学而存在，所以微课所要表达的内容一定是与教学相关联的，它是在表达一些教学方法和教学内容，而不是专业地去论述某一个观点或者学术内容，所以这就决定了微课所创造的内容一定是与教师息息相关的。

（七）成果简化，多样传播

微课所表达的内容清晰、完整，主题突出，所以微课的教学内容很容易被学生理解和学习。同时因为微课采用的形式比较前卫，所以其传播方式非常多样化。

（八）反馈及时，针对性强

微课教学内容少，而且教学时间短，教师在教学结束后很容易得到学习者对教学内容的反馈。同时微课的作用是进行教学的辅助，从而使得教学内容更加具有针对性。

三、微课教学模式

（一）教学设计模型构成

1.学习需要分析

教学体系拥有特定的目的。教学目的明确，有利于对教学体系情景进行解析。教学体系的目的需要按照多方的教学体系情景条件去明确，此为制订教学计划的思维点。

因此，进行教学计划前，一定要对教学体系的情景进行解析，这一过程，即为针对学习需求的解析。在理性解析学习需求的条件下，才可制订且明确教学计划题目的目的，而且也有更多其他问题进行考量。在学习需求的解析里，一定要处理教师教学的目的、学生学习的目的这些关键问题点。

2. 学习内容分析

依据教学目的的指向，不同学校、不同年级有着不同的培育目的，不同的科目也需要明确不同的教学目的。依据科目目的，明确科目的条件，选择教学素材。基于此，按照科目的综合目的，明确部分目的，在明确过程中，重点强调解析学生应该习得什么知识和能力，实现怎样的目的和水准，甚至得到怎样的技能及心态，并且在身体和心理上获得什么样的发展。科目的解析和学生的解析息息关联，不但需要思考教师怎样授课，还需要思考学生如何习得全部知识点。概而言之，在科目的解析里，一定要处理教师教学内容、学生学习内容这两方面的问题。

3. 教学目标设计

基于学生需求、课程及学生自身的情况，教师制订相应的教学计划。教学体系方式及当代教学论点的重要内容包括教学目的和教学计划。教学目的需要确，教学计划需要明清楚要达到的学习成效，且按照实际的、确定的专业用语来表达。授课前，教师一定要将教学目的清楚地传达给学生，让学生清楚教学的目的，这样能达到高效的教学，且松弛有度。相关学术研究人员表示，应该按照学生经过学习之后希望完成的方式更改详尽的目的去明确教学目的。清楚详细的教学目的可帮助教学策略的确定及教学媒介的抉择，并给教学评价提供根据。

4. 教学策略设计

教学目的明确后，教学策略也要明确。教学策略是进行教学的教学指导、方式方法、技能三方面的综合体。教学策略是为了达到教学目的而产生的，用于教学过程的全部计划。进行教学时，要选择合适的教学方式及素材。教学策略为达到教学目的的关键方式，属于教学计划研发的关键。教学策略主要研究科目的种类及构架、教学的程序和快慢、教学行为、教学方式、教学样式、教学时间、教学行为失败的解决方式之类的问题。一言概之，教学策略主要处理教师怎样进行教学及学生怎样去学习的问题。

教学策略的计划应该思考许多方面，一定要创新性地进行教学计划，灵敏地进行教学行为，精巧地计划各方面，合适地利用多种元素，让其成为一个最佳的构成，以实现全部的功效，达到利益最大化，要按照低消耗、高效能的准则进行。

5. 教学工具的设计

以前，使用的教学工具主要是黑板及粉笔，但随着科学技术的发展，教学工具也随之增多。因此，可供选择的教学工具变得多样化，选择方式也变得很多。

教学工具的规划要以教学的实际情形及详细条件为依据，把教学内容及方式转变成纸质抑或音频之类的便于使用的方式，将课程完全呈现给学生，让学生可以消耗较少的精力，通过简单、方便的方法，获得更多的知识。

6. 教学过程设计

教师可以通过程序表述方法，简单地表达教学经过，简洁地阐明每个元素间的关联，形象地阐明教学经过。现实中达到教学计划的关键个体为教师。

微课类教学计划能够使用思想指导图文的方式实施。利用图片、文字，将需要论述的相关元素通过相关联的图片呈现出来，将重要词汇和图片、色彩关联起来，这充分利用了人类左右大脑不同功能这一特性。通过回忆、读写、思想等规则，辅助相关研究人员在科技和学术、思维和创造力方面均衡进展，进一步打开了人们大脑皮层的潜在能力。

7. 教学设计评价

教学设计评价的关键在于形成性方面。在计划成效开展前，先试点，看教学计划是否高效、可操作和可实施，教学目的是否可成为教学计划进行方法评估的关键点。若未实现教学目的，就应该对教学计划进行修订，然后试点，再次修订直至进一步完善。

（二）微课教学设计中可参考的教学模式与策略

分析学习者特征明确了学习的起点，分析教学目标明确了教学的终点，那么如何教与学就是选择适当的教学模式与教学策略的问题，这也是核心问题。

1. 教学模式与教学策略

教学模式于特定的教学想法、教学理念及教学观念引导下，达成相应的教学目的及课程。教学论点和教学行为的连接点，不但与教学行为有直接的引导成效，还是教学行为的简化版、教学论点观念的总结，能够充分发扬教学观念及论点。通常把教学策略解释成在不一样的授课环境下，为了实现不一样的教学成果而使用的形式的总体，其表现在教学和学习彼此配合的行为里。其有两种分类，即普遍性和具体性。普遍性是不和详细的科目知识及技巧能力的教学息息相关的策略，如动力推进策略、主动学习策略；具体性是对于某种知识及技巧教学方面的策略，如写作教学策略、英语读写教学策略。

尽管于实际应用方面，教学形式、教学策略及教学方式间的关系并不明确，但相比较而言，教学的形式居于高层级，决定着教学策略、教学方式，教学策略相比教学方式要详细、实际很多，被教学方式约束。在某种教学方式里，能够使用很多教学策略，而且，相同教学策略能够应用在多种教学方式里。

2.常用的教学设计模式

在教学观念和实际应用方面，产生了适合多种学习目标的教学方式，有的表现了将教学作为主流的教学想法，有的则重视知识。

下面主要针对自主学习的策略及协同学习的策略进行详尽的表述。

（1）自主学习策略

自主学习策略的中心点为发扬学生自主学习的踊跃性、充分发挥学生的主观能动性，出发点在于怎样辅助学生去高效地学习。所以此种教学策略的方式尽管多样化，但自始至终横贯着一个中心点，即主观研究、主观挖掘。但是，因为有的教师并没有充分知晓这一策略，致使其于实际的应用中问题不断。学生主观上积极进行学习的形式多样。但一些看似主动的学习形式，却缺少对于授课素材、学生特点方面的详细了解，只是追崇方式方法的多样化，将推进学生价值建设的关键目标忘记。所以，于此类策略计划上，要强调以下几点：①重视人的设计；②目标明确；③重视教师的指导。

（2）协作学习策略

协作学习策略按照团体、组队的方式，协调学生合作，以达到某一特定的教学目标。在此过程中，教师要使学生之间有和睦的氛围，并且彼此配合，针对一个问题通过多方面去研究、对比、解析及结合。学生之间要学会分享资料，一起担负学习的职责，一起享受成功的快乐。一般常用的策略为角色扮演、讨论等。

在设计协作学习策略及协作学习过程时，要注意以下几方面。

①建立合适的协作小组。学生要组建一个团队，内部人员要互帮互助、一起进步，经过商讨，深入研究问题。所以，产生一组数量合适、层级分明的合

作团队对协作学习的成败十分关键。若人数配置不合理或组内人员配合不当，就会配合失败或配合不完全，导致学习成效就会大大降低。

②学习主题具有挑战性，问题具有争论性。此类学习的主旨可为教师派发，也可为学生自己下达。学生共同处理的问题可为关于主旨并引发争论的原始题目，可为升华主旨的题目，也可为稍微超纲的题目。此问题是否具备讨论性，与是否需要进行协作学习相关。

③重视教师的主导。教学计划及学习的经过，教师的参与很重要，教师需要给出争论性的题目和评判的形式。此过程中，教师需要重视每个学生的发挥，发挥优异的学生要给予奖励，而跑题或者解答有误区的学生需要对其进行积极的指导，辅助其进行解答；学生们在辩论的过程中展现出的对于某种定义或见解的不确定或错误的结论时，教师需要通过恰当的方法来指导；在全部的协作学习过程中，教师需要给出合适的点评。

四、微课在英语教学中的应用基础和意义

（一）大学英语教学适用微课形式的基础

对比而言，进行大学阶段的英语教学的教师水准及科技信息的使用要求都会高很多，它可以习惯微课教学方法的需求，可以更高效地接纳新生产物及数字化信息传达方法。很多高等学府都进行了英语教学方面的革新，教师大都具有使用电子产品的技能及电子资源创作和使用的技能。并且此阶段的教师都较为年轻，易于吸收新鲜产物，具备革新的想法及创造的能力，可以于此类授课方法的使用中达到积极的指导及促进的目的。

大学生都拥有高效的自我学习力，可以针对一定的目的指引进行积极的学习。并且多数的学生还有英语方面主动学习的思想，期待着提高自己的口语表达及日常使用水准。

有些大学生的英语基础较好，并具备一些英语方面的日常口语表达能力，或可以使用英语进行问题说明，所以在微课方面的学习根基会稳固一些。此形式可以让学习者根据自身的学习情况去自主地选择自己所需要的学习内容，而学生可以全面依据自身英语方面的情况选择适用于自己的科目来提高英语方面的技能。

（二）微课在英语教学中开发与应用的意义

微课将高质量且精短的视频授课素材当作根基，全面地展示数字化信息科技时代的优点。所以它在多领域内得到了推广使用，并高效地促进了多区域教学行业的发展。我国高等学府英语授课引入该方法，迎合了社会经济进步的潮流及教学方面进展的需要。大学阶段的英语授课也应该改变老旧的授课方式，并且把学生自身的学习需求综合到授课计划里，通过应用多种、丰富的英语素材引起学生学习的兴趣，英语解说的时间也可适当减少，使学生可以在高效的指引中主动学习、主动解答。微课的使用适合英语授课的需求并可以使学生在短时间之内掌握所学内容的关键点，学生主动将学习时间安排好，与教师、其他学生进行全面的沟通。此类将解答作为目的、提高学生自主学习的授课方法可以迎合学生各自的学习需要，因此具有高效性及适用性。

五、微课在英语教学中存在的问题与解决对策

（一）微课在英语教学中存在的问题

因为微课具有内容精练、时间简短、运用灵活、传递知识快等多个特征，所以借助微课来展开教学的教师越来越多，而且也深受学生喜爱。不过因为微课的发展史较短，教师在具体实施过程中还不够熟练。

1. 对微课的教学观念还未达成一致

现在微课慢慢地成为教育行业的新宠。有的学校提倡将它运用到实际教学当中去，但因为微课诞生的时间并不长，所以到目前为止并未给教师们指出一个明确的教学方向，也未制定出一个统一的实施标准。教育专家们也是众说纷纭，各持己见。有的专家觉得微课不应该面向学生，因为学生的英语水平参差不齐，部分学生无法在短时间内掌握微课中所有的知识点，而是应该面向广大教职员工，借鉴他人的教学视频，对照自己的教学方法，取其精华，去其糟粕，还可反复研究自己制作的微课，找到不足之处，纠正调整，借以提高自己的教学水平。有的专家则认为微课适合用于教学，学生通过这种方式更容易理解教学内容，更能激发他们的学习热情。因为微课暂时未形成一个统一的实施标准，也没有一个明确的教学方向，导致教师在操作过程中不明白侧重点是什么，不能很好地展示教学内容。这些原因限制了微课的发展。

2. 微课的课程内容不够精练、生动

微课视频一般不宜超过 10 分钟，但是在实施过程中却比传统教学要难，这与微课的基本特征有关。微课虽然时间短，内容少，但所含内容是专业性很强的知识点，在有限的时间内让学生理解掌握实属不易。在此过程中，教师不仅要组织好语言，还得保证教学的流畅性，教学内容也一定要讲解透彻。微课可以动漫、讲授、操作演示文稿、屏幕录像及演讲等多种方式呈现。学生一般是通过观看微课进行主动学习，教师在录制过程中一定要设计一些有趣的环节或是用幽默诙谐的语言来调动学生的积极性，让他们在一个轻松愉悦的氛围中学习。可是，在真正录制的时候，部分教师因为在此方面涉足不深，所以对于教学方法的运用、知识点的选取等多方面都存在不足，过于注重缩减时间，却忽略了更为重要的知识讲解模式。甚至有很多教师直接缩减平日上课所用的演示文稿，再把它制作成微课。

3. 微课的制作技术有待提高

英语微课视频的录制离不开视频制作，视频录制是微课制作必不可少的环节，完成微课视频的制作要求英语教师要掌握一定的视频录制的能力。通常都是用手机或者专业的录制设备进行录制，并使用专业的软件来开展录制工作。视频画面的清楚性和声音的清晰度等因素直接决定了英语微课视频的质量。但是，绝大多数的英语教师都是英语专业毕业的，对于视频的录制基本上没有进行过专业的培训，所以对视频的录制及处理的程序和技能也不太清楚，也谈不上对相关专业软件的应用了。

4. 微课的教学内容还未形成体系

因为微课的发展进程较短，教师对它不够了解，操作也不够熟练，而且日常的工作也比较繁忙，没有太多的时间对微课进行深入的研究，因此录制难以持续进行，无法将所有的知识点全部联系起来做成微课，只是针对具体某一个句型或是某一个词组来展开教学，所呈现的知识也比较零散，无法连贯串通，更加不能构成一个整体。而且学生的英语基础不够扎实、知识体系也并不完善，所以学习起来比较困难，像这种零散的知识学习反而可能让他们比较困惑，也失去了学习的方向。另外，学生也不能借助微课来整理和学习完整的知识。教学过程要一直严整有序，因为如果学生所接触的知识都是零零散散的，不仅难以理解所学内容，甚至会降低他们的学习兴趣。

（二）微课在英语教学应用中的对策

1. 教育部门统一微课的教学观念

教育部门在统一部署安排微课的发展过程中，需要进行大力宣传，鼓励更多英语教师参与到微课当中，不仅接受微课，更要学会自己制作微课课件，让教师们的思想达到统一。教育部门不仅要指引教师制作微课，更要从思想上引导教师，帮助他们转变传统的教学观念，从而树立起新的教学目标。微课的本质就是让学生成为教学课堂里的核心和中心，英语教师根据学生的需求设计微课并运用于学生，在制作微课时，可以用多种多样的方式和形式来展现课堂内容，将学生的喜好融入微课当中，从而提升微课的趣味性和独特性。除了充分调动教师参与微课制作的积极性，教育部门还要对微课的内容进行正确的引导，使这种新型的教学模式与传统的教学内容相适应、相呼应，从而最大限度地发挥微课视频的功能，使其能更好地对传统教学的内容进行补充和升华，让学生们在英语课堂上加强吸收课程内容，增强获得感，并且通过不断的练习，更好地理解教学内容。

2. 为英语教师开通微课制作技术培训通道

制作优质的微课视频离不开英语教师的熟练操作技术。教师们不仅需要掌握最基本的微课理论制作知识，还要克服各种技术难关，掌握视频制作的基本技巧，熟练操控微课制作的应用软件。微课视频的制作对于很多教师来说具有一定难度，仅依靠个人自学无法完成制作任务。

有些英语教师在微课视频的制作过程中碰到了困难和阻碍，甚至产生了放弃的想法。面对教师们的畏难情绪和不自信的情况，有关部门需要积极开展相关培训活动，开通技术支持通道鼓励教师制作微课视频。此外，学校也要充分利用整合校内外资源，搭建校园沟通内训平台，并且可以专门聘请技术人才来培养英语教师制作微课视频的能力。各部门同学校齐头并进、联手合作，才能解决教师的畏难情绪和在实际操作中会遇见的障碍困难，从而激发积极创作微课视频的动能。

3. 相关部门组建英语微课视频研发队伍

只凭借个人力量无法制作出具有高品质、特色化的英语微课视频，要想将所有教学资源进行整合和重组加工，并且制作出完整的微课视频，需要依靠团队的力量来共同完成，要消耗大量的精力和人员来参与其中。相关部门要组建专门的队伍研发英语微课视频的制作，尤其是教育部门要进行牵头，充分整合所有教育资源，调动科研立项和资源整合来吸引更多的专业化人才，尤其是视频制作方面的技术人才，从而形成新的教育团队，通过合理的人员分工共同完成英语微课视频的制作。英语微课视频的制作不仅要高质量、高效率，还要有系列化的内容。有关部门要积极推进英语微课视频制作团队的构建，多开展英语微课视频的项目活动，例如，以小组专题研讨的形式开展英语教师的交流活动，以培训授课的方式组织英语教师进行微课视频的制作与设计。总之，以团队的方式加强英语教师制作微课视频的技术水平。

4.英语教师强化英语微课视频的系统性

英语微课视频之所以需要具备一定的系统性，是因为一门学科的形成离不开知识结构框架的组建，所以，团队在分工制作英语微课视频时，首先就需要重视并强化微课视频的系统性。微课视频可以围绕辅导教材的内容进行展开。将英语教材知识融入制作过程中，从而形成系统化的视频内容，以便于微课视频应用于英语教学课堂和教学的方法中。系统化的微课视频有助于英语学习者及时获取英语知识、形成完整的知识框架、掌握英语学习的技巧方法、熟悉把握英语学习的重难点，并且能够有的放矢，在薄弱的地方加强学习、擅长的地方加强巩固，让学生的英语综合能力得到不断提升的同时，形成自己的学习方式和学习思维，大大提升学生的积极性和自信心。

第二节　微课的理论基础

微型学习理论是在新的媒介环境中应运而生的，其在 2004 年被学术界首次提出，是一种新型的非正式学习方式，也称为微学习。通过近几年对理论和实践的深入研究，其内涵也得到了较为一致的共识。奥地利学习研究专家林德纳将微型学习表述为一种指向存在于新媒介生态系统中，基于微型内容和微型媒体的新型学习。另一位欧洲学习者布鲁克在认同微型学习是一种在数字网络媒体环境中的学习的同时，更加关注微型学习所指向的一种新型的知识组织结构。微型学习理论是在多样化的教育环境下对学习研究采取的一种微观视角。

微型学习具有以下特征。

（1）学习时间、地点的不固定性。

学习者可以通过零散的时间，利用各种便携式学习工具随时随地地学习。

（2）学习内容的模块化

学习者通过媒介学习到的知识是经过教学设计者过滤的。整个学习过程和内容被拆分为多个小的学习模块，这些学习模块又是相互联系的，同时又相互独立。

（3）学习方式的多样性

学习者既可以进行自我探索、自我反思、自我总结和发现学习，也可以与他人进行合作学习和交流，同时还可以利用数字化的学习资源和网络通信设备进行学习。

微型学习理论在迎合当下人们的学习方式、认知风格和生活方式的同时，也建构了新的学习价值观，即对快乐学习的追求、对生活的体验和对志趣的尊重。微课就是在这一理论的支持下迅速发展起来的，它不仅在内容设计上目标清晰，内容短而精，而且在制作时还注重趣味性，使其更具吸引力。微课对播放媒介的要求也是非常容易满足的，电脑、手机、iPad 等各种媒体终端，只要有相应的播放程序就能实现碎片化学习和随身携带"迷你课堂"的愿望。在移动设备飞速发展的当代社会，微课这种知识点明确、容量较小的学习适应了学生们随时随地利用碎片化的时间学习的需要。

一、建构主义理论

建构主义理论的观点是学生在其学习过程中是对某一知识的主动再建构过程，并不是被动地接受，而是在已有知识基础上的"再生""创建"的过程。学习者在对新知识的建构过程中，情境对学生的学习起到重要的作用。在学习者学习过程中，通过"同化""顺应"两种不同的学习方式，用来达到对所学新知识的创生性建构。但是，在传统课堂教学中，教师大部分是用传统的讲授方式开展教学活动，很少向学生提供丰富、生动、与生活联系紧密的学习情境，这样不利于学习者对所学新知识的消化与吸收，而系列化微课程选择的学习内容都是在情境中产生的，同时也有利于学习者用所学知识完成对新知识的意义建构。建构主义学习理论是以学习者为中心，强调建构主义学习的过程。系列化微课程的使用过程就是以学习者为认知主体，学习者是有意义的主动建构者，学习过程就是学习者通过获取微课程学习资源，经过有意义的知识建构达到掌握所学内容的过程。

二、第二语言习得理论

作为一门独立学科，第二语言习得理论（二语习得理论）形成于 20 世纪 60 年代末 70 年代初，学术界普遍认为以 1967 年 Crode 发表的《学习者错误的意义》和 1972 年 Selinke 发表的《中介语》两篇论文为标志。第二语言习得是指"在自然的或指导的情况下通过有意识学习或无意识吸收掌握母语以外的一门语言的过程"。因此，该理论的产生对学生英语乃至其他第二外语的学习有着积极的影响。从 20 世纪 80 年代开始，第二语言习得理论研究日益完善，美国南加州教师 S. D. Krashen 在总结前人研究的基础上，提出"第二语言习得理论"。该理论是对近几十年来第二语言或外语学习研究的总结，并把各种研究加以理论化、系统化，使之成为系统的学说，对英语教学具有一定的启发和指导意义。Krashen 的理论主要包含以下五大假设。

1. 习得－学得假设

Krashen 认为成人在第二语言学习过程中有两种相互独立的发展语言能力的方式，即习得和学得。习得是无意识地获得语言能力的过程，就像儿童习得母语的能力一样。学得是有意识地学习了解第二语言的语法、规则等过程。Krashen 理论的出发点和核心是他对习得和学得的区分，以及对它们各自在习得者第二语言能力形成过程中所起的作用的认识。习得是潜意识过程，是注意意义的自然交际的结果，儿童习得母语便是这样的过程。习得的语言系统处于大脑左半球语言区，是自发语言运用的根本。与之相对的是学得，这是个有意识的过程，即通过课堂教师讲授并辅之以有意识的练习、记忆等活动，达到对所学语言的了解和对其语法概念的"掌握"。Krashen 认为，只有习得才是人们运用语言时的生产机制；而对语言结构有意的了解作为学得的结果，只能在语言运用中起监控作用，而不能视为语言能力本身的一部分。Krashen 强调习得是首要的、第一位的，但也并不排斥学得的作用。

2. 自然顺序假设

这一假设认为，人们对语言结构知识的习得实际上是按一定顺序进行的，其次序是可以预测的。学习者总是会先掌握某些语法结构，而对其他的语法结构则会掌握得较晚。例如，一些试验表明，在儿童和成人将英语作为第二语言学习时，掌握进行时先于掌握过去时，掌握名词复数先于掌握名词所有格等。Krashen 认为，自然顺序假说并不要求人们按这种顺序来制定教学大纲。实际上，如果我们的目的是要习得某种语言能力，就有理由不按任何语法顺序来教学。

3. 监控假设

根据这个假设，语言习得与语言学习的作用各不相同。语言习得系统，即潜意识语言知识才是真正的语言能力。而语言习得系统，即有意识的语言知识，只是在第二语言运用时起监控或编辑作用。这种监控功能既可能在语言输出（说、写）前也可能在其后。但是，它能否发挥作用还要依赖于三个先决条件：一是有足够的时间，即语言使用者必须要有足够的时间才能有效地选择和运用语法规则；二是注意语言形式，即语言使用者的注意力必须集中在所用语言的形式上，也就是说，必须考虑语言的正确性；三是知道规则，即语言使用者必须具有所学语言的语法概念及语言规则知识。

4. 输入假设

输入假设也是 Krashen 语言习得理论的核心部分。Krashen 认为，只有当习得者接触到"可理解的语言输入"，即略高于他现有语言技能水平的第二语言输入，而他又能把注意力集中于对意义或对信息的理解而不是对形式的理解时，才能产生习得。这就是他著名的 i+1 公式。i 代表习得者现有的水平，1 代表略高于习得者现有水平的语言材料，能促使他习得就是"i+1"的输入。Krashen 认为，理想的输入应具备以下几个特点：可理解性、既有趣又有关、非语法程序安排、要有足够的输入量。

5. 情感过滤假设

Krashen 认为，情感因素起着对输入进行过滤的作用。情感因素因人而异，学习的情感因素会阻碍或加速语言的习得。只有在最佳情感条件下，才会产生真正的习得。最佳情感条件有三：学习者有强烈的学习动机、充满信心、心情舒畅，没有过高或过低的焦虑感。

微课教学既符合习得理论又符合学得理论。学生在进行微课学习的过程中，不仅无意识地增加了英语语法的整理水平，而且还有意识地了解到各语法点的含义、标志、结构、用法等。他们也可以自行选择语法点的学习顺序，若认为自己还需要再学习或者再复习的可以再次进行；若认为已经完全掌握了，没有必要再学习了，可以不再进行这部分的微课学习。此外，微课教学使学生根据自己的学习程度和能力所需，通过观看高于他们现有水平的语言材料，如微视频、网络英语交流等语言输入，不断地学习新的语法内容，注入英语知识，为自己创设第二语言的学习环境。通过有针对性的、适合自身学习情况的学习，提升英语语法水平，最终提高英语整体水平，养成自学的能力。这符合 Krashen 的语言输入假设。微课学习在空间和时间上相对自由、灵活，学生学习的心境比较舒适，也符合 Krashen 的情感过滤假设。

三、认知负荷理论

认知负荷理论是澳大利亚著名心理学家约翰·斯威勒在 1988 年首次提出的。认知负荷指的是人们在信息加工过程中需要投入的认知资源总量，即工作记忆必须注意和处理的内容总和。认知负荷理论的基础是资源有限理论和图式理论。资源有限理论指出，人的认知资源（主要表现在工作记忆容量上）是有限的。如果加工某信息对人的认知资源提出的要求超过了其自身所具备的认知资源量，就会造成认知超负荷。图式理论则指出知识是通过图式的形式储存在人们的长时记忆中的，在个体学习新知识时，长时记忆中的图式可以根据所面临的情景快速而正确地将所学的新知识归类，这种归类方法是自动的、无意识的，因此，这种方法对于降低个体认知负荷有着积极作用。认知负荷理论提出了三种基本类型的认知负荷：内部、外部和相关认知负荷。由元素间交互形成的认知负荷成为内部认知负荷，负荷的大小是由学习材料的内部难度与信息量决定的；超过内部认知负荷的附加负荷就是外部认知负荷，它是指与促进图式自动化过程相关的认知负荷。在这当中，外部和相关认知负荷都直接受控于教学设计者。因此，为了促进有效学习的发生，在教学过程中应尽可能减少外部认知负荷，增加相关认知负荷，并且使总的认知负荷不超出学习者能承受的认知负荷，否则，就会产生较低的认知效率。

认知负荷理论认为，影响学习者自身认知负荷的因素是其学习材料的组织表现形式、课程材料的复杂性和学习者的专长水平（即之前的知识储备）。课程教学设计的需要以有限容量的学习记忆为依托，并将设计的原则及创建规则为适合学习记忆的对象，即图式、学习记忆组块。根据认知负荷理论，学习的本质是利用认知负荷的精确水平帮助学生建构图式。可以理解为，有效的教学模式就是学习者能够自主地针对那些重点、难点的学习内容进行满负荷学习，学习效率高因而不需要浪费额外的其他时间。系列化微课程"小"和"有针对性"的特点，是一种很好地解决学习者认知负荷，帮助学生减轻无关学习负担，提高学习效率的课程模式。

微课在学习内容和时间的安排上吸收了资源有限论中认知超负荷的这一理

论，使微课变得"重点突出，精练短小"，以此减少不必要的外部认知负荷，将学习内容所要求的认知负荷量和注意力集中时间控制在学习者能够承受范围内。微课的教学设计中必不可少地会运用到一些图式、图片等多种资源和操作工具，以帮助学习者在最短的时间内理解、记忆新知识，达到自学的目的，因此图式理论的优势也会在这一过程中体现出来。值得一提的是，教学过程中所用到的分析图、结构图等这类图式或图片都必须是与所讲内容紧密相关的，因此增加相关认知负荷、减少外部认知负荷、提高认知效率的要求都能在微课设计中体现出来。

四、细化理论

C.Reigeluth 是细化理论的最早提出者。细化理论的主要内容可以简单概括为"一个目标"，就是将教学内容不断细化，进一步明确教学目标；"两个过程"，主要包括一系列细化等级设计过程和一些简单概念的设计过程；"四个环节"，目的是确保细化过程的衔接性、完整性，在进行教学设计时要注意四个教学环节设计的连贯性。第一环节是进行选择。该理论注重教学过程的选择，注重对教学内容的深入分析。细化等级设计就是一步步对开始选出的内容不断进行细化，通过每一次分化，教学内容越加翔实，教学目标更加具体，一直具体细化到教学目标所要达到的要求。每一个教学设计要根据具体的教学目标而选定一定的教学类型。第二环节是定序过程。要结合学生的认知特点对选择的知识点进行排序，让学生更容易接受和理解。第三环节是综合。将不断细化的知识进行整合，让学生从整体上意识到整节课的一个思路。第四环节是总结。总结是设计时必不可少的环节，是学生对整个教学内容的巩固，再次帮助学生明确这节课的重难点。

微课主要在教学设计及时间方面充分体现细化理论。选择是细化理论设计环节的第一步，教学内容的选择直接影响着教学效果。教师在进行微课教学设计时，要能够根据学生的需要，根据学生发展的特点，将复杂的知识难点一步步进行分解。教师一般选取一节课的重点、难点或者学生容易混淆的知识点，然后用图片、音频等方式辅助制作成微课。这样将知识进行了分类、细化，再借助微课这种手段，结合微课的时间简短这一特点，可以完成这些细小的教学内容。通过这些手段的辅助，学生很容易理解和掌握。教师在进行教学设计时，可以根据教学内容设计不同的教学类型。对于微课教学，教师可以具体设计成启发型、问答型、探究学习型、讨论型、自主学习型等不同的教学类型来完成具体的教学目标。总结是细化理论设计的最后一步，是微课设计必不可少的环节。简单的总结可以让学生很快梳理这节课的主要内容，形成一个框架，对后面的复习起到很重要的作用。在进行微课教学设计时，每个视频最后教师都会用简单的话进行总结，或者是在教师的引导下，学生自己去总结这节课所学到的内容，同学之间互相补充，最后教师再进行完善，这样教师能够了解到学生的掌握程度，对教师后面的教学进度安排有很大的帮助，在下一步的教学设计、教学内容的选择上也会有针对性。

五、掌握学习理论

布鲁姆提出："绝大多数的学习者能自己掌握所教授的知识，教学任务就是要找到使学习者掌握学科的各种手段。""许多学习者没有取得最优异成绩的原因，不在其智力的方面，而在于未能获得适合每个人自身的特点所需要的相应教学指导与充足的学习时间。"掌握学习理论认为大多数的学生都是可以将所学内容掌握的，学生的学习成绩低下并不是因为学生智力不如人，而是学生需要掌握这门学科的科学方法，辅之以足够多的学习时间，再结合自身学习的特点，找到适合自己的有效学习方法。根据理论所言，基本上所有学生都能将教师所教的内容掌握，最终实现所有学生不掉队，都能达到相应的发展水平。系列化微课程的教学模式能够很好地体现掌握学习的教育理念，学生可以根据自身需求利用系列化微课程自主学习，可以反复观看微课程视频，学习的速度也可以自己把握。教师也能够运用合适的系列化微课程配合教学，学习步调始终与学习者保持一致，更好地帮助学习者掌握所学的知识。掌握学习理论还指出，在学习过程中学习目标的定位也很重要，不能贸然把目标定得过高，如果目标过高，学习量过大，超出了学习者的接受能力范围，不仅影响学习者的学习效率，而且还会带来厌学的负面压力。因此，制定合适的教学目标也十分重要，只有目标得当和有效的教学顺序才能帮助学习者掌握学习内容，实现学习目标。系列化微课程就是将复杂的教学目标分解至各个微课程中，学生按需求完成每节微课程设定的学习目标，从而更好地掌握整个学习内容。

第三节　微课的发展趋势与展望

一、微课的发展趋势

在移动互联网时代，信息技术对教育具有革命性的影响，政府和个人必须予以高度重视。今天的学生被称为"数字时代的土著居民"，他们的思维方式、学习方式与生活方式都发生了巨大变化，作为教育工作者能够适应这种变化吗？美国著名教育学家杜威说过："如果还像昨天我们被教授的那样去从事教学的话，那么，我们就掠夺了儿童的明天。"教育的时空在不断扩大和延伸，"先学后教""以学论教""以学定教"成为教育改革和评价的新趋势。今天，教育工作者不仅要关注自己"如何教"，更要去关注学生"怎么学"。信息时代的每一位教育工作者必须以敏锐的信息素养、开放的教学理念和学习者的姿态，积极参与新技术、新媒体下教与学方式的变革，如翻转书包、翻转课堂、微课、思维可视化、3D打印、图片处理技术、网上会客室、可汗学院、未来学院虚拟现实、学分银行等。这也是信息时代每一位教育工作者专业发展的有效途径和必然使命。

当今社会，不能说是多媒体时代，也不能说是网络时代，更不能说处于一个信息时代，这些称谓或多或少是不准确的。今天，整个社会大环境是一个"互联网+"的时代，一个移动互联的时代，它给教育学习带来的变化是非常大的。

首先，它会带来资源获取方式的变革。以前的教育是以"教育工作者、教材、教室"为中心，这些资源都是相对封闭、极其有限的，而且是趋于僵化的、静态的。如教育工作者们反复在课堂上强调让学生们放学后去预习功课，这个习惯一直延续到现在，然而却是违背教育规律的，不符合人性化学习原则。再比如，教育工作者布置的课后作业是预习第几页到第几页的教材，可这些教材是专家编写的，它们的表述严谨、结构完整，甚至"面孔冰冷"，教育工作者亦可能对这些教材存在不懂的内容，让对课本不熟悉的学生进行预习，这些预习往往是浅层而无效的。现在，把这些知识点做成微课，在课后让学生观看，通过直观的视频形式让学生预习新课。教师经过对教材的处理和设计，通过亲自进行课件的制作，并将授课过程中的教学活动、声音、情感等融合于一个微视频之中，让学生进行课前预习，效果会非常好。相比于之前的教学预习方式，这种教学方式更加温和且富有情感。

其次，推动教育发生改变的动力是新兴媒体、新资源和新课程。而且，不能盲目跟随学校固有的教学方式，一定要有远见。如果总是按部就班，那就只是麻木的教育机器。技术是具有相对独立性的，并不是跟着教育一同发展的。在之前，技术被认为可以推动教育的发展；在今日，技术被认为指导教育前进。从提出至今，微课建设理念仍是新生事物，微课建设的理论基础、开发途径、应用模式等都有需要完善的地方，这就依赖于教师们在实践中不断改进完善。

将微课建设与未来教育相结合，部分学者认为微课需要在以下五个方面取得突破才能得到发展。

（1）在微课的开发方式中，要摆脱小微课的束缚，从而迈向"大微课"的时代。当前的微课过于重视个体的微课设计和开发，视野过于狭小、零散、重复、碎片化，学生在使用时往往无迹可寻，微课学习经常是碎片化的，没有一个合理的整体规划。未来的微课建设是在专家的指导下进行的设计建设。微课从碎片化逐步走向有序化，从零散走向体系化。如学习主题、专题的建设，围绕知识体系同步建设，建设成体系化的微课程。同时教师要引导大众摆脱过于关注微课碎片化的束缚，逐步走向关注在线教育的微课碎片化呈现。同时学习者也要深入高效学习体验的应用阶段。

（2）微课建设的设计类型上，支持在线及移动学习，微课学习者的数量将激增。调查统计表明，我国目前的微课类型过于单一，以知识讲授的类型为主，所包含的信息较多，容量过大，使用不便，且多是离线的应用方式，以下载观看，教师使用为主。未来的微课应用应该更加人性化，所需时间更短，内容日益多样，类型多样，具有移动、在线学习等多种学习方式，以此来实现人人皆学、处处可学、时时可学。通过开发微信端的移动学习型课程，以 App 为主的应用程序的微课开发将会是新兴的热点。

（3）在微课制作过程中，采取交互式的学习方式、虚拟仿真及 3D 学习技术将成为人们追捧的新方法。制作微课的教育工作者，要不断追问自己：时间过长的微课视频学生可能看下去吗？时间较短的微课学生能看懂吗？学生在观看微课视频仅仅只是"观看"吗？学生在课堂教学中可能还会听教师讲下去，但微课则是一对一的教学方式，没有多余的教师和同学干扰，只是单一地教授甚至灌输知识。只是按顺序播放视频的学习能够激发学生的学习兴趣吗？所以，在最简单的微课中，也要通过交互式的教学设计及利用交互设计技术的方式来促使学生深入微课的教学活动中，与微课视频里的教师进行互动，解决所遇到的问题，只有这样的学习才是有效的。

（4）从微课建设主体上，将从封建式建设逐步走向互联网的模式。未来微课建设的研究开发人员不仅仅是教育工作者，而是建设主体日益多元化，这也体现出了互联网时代和创客的主要特征。教师、学生、家长等对微课建设感兴趣的人员，都可以为微课建设提出自己的创意和个性化的需要。在信息时代，任何一个人都具有享受资源和消费资源的权利。所以，从某种意义上来说，学生自己创作的微课视频，教师进行指导学生和教师与学生合作录制的微课，在当前创客教育中无疑是一种新类型，也是在学习金字塔中所倡导的"学习者教会别人"的高效学习方式的新突破。

（5）在微课应用上，通过应用大数据的智能化的区域性微课平台将会激增。微课就如同一滴水、一粒沙，单独的个体没有任何价值，只有整体才会发挥出价值。所以，在某些方面，相对于微课资源本身，进行微课学习与管理平台更为重要。微课平台设计要关注用户的应用体验，而不是对资源数据的管理。在符合在线教育的客观规律的同时，还要与线下的教学模式相协调。在这方面的建设中，可以借鉴美国可汗学院的微课平台建设的经验。它不仅是自主学习的个性化学习平台，更是学校的公用学习平台，实名注册、学习诊断、学习方法等模块是其基本功能。微课仅仅是对提高学生学习兴趣的引导，因为多数学生通常在学习社区中进行交流讨论，形成了一个大规模的学习交流社区，同时也产生了更多的智慧资源。所以，众多中小学中的微课发展逐渐转向为微课程和慕课的发展，以此来达到类似慕课的效果。例如，一部分知名中小学先在网上开设微课的同步课程、专题课程，并通过学分认证及结业证书的发放，来实现区域范围内各个学校的学分互认，以此来形成跨区域的学校慕课联盟。

微课是一种以小视频为主的教学资源，并在教学应用实践过程中不断发展，形成了微型网络学习课程系统。当今信息社会，随着新科技和新媒体的迅速发展及广泛应用，广大用户对学习方式的选择也呈现出多元化，加之智能手机、平板电脑、笔记本电脑等便携式智能设备的普及，微课的出现显得尤为重要。它的出现顺应了时代发展潮流，符合教育发展规律，适合自主教学、个性化教学、合作教学、移动教学、远程教学的开展。虽然微课有了一定程度的发展，但终究还是一个新生事物，很多专家、学者对微课也有着不同的观点，也从不同方面指出过不足和缺点。在信息时代的大环境下，微课的特点和本质决定了它在教育教学中具有广阔的应用前景和正确的前进方向。

二、微课的应用前景展望

（1）从微课的制作方法和形式上看，随着录制微课的硬件设备不断改进和软件技术不断更新，微课拍摄与制作技术获得重大突破，这使微课的制作方法和形式向多元化发展。微课的形式不再是单纯的拍摄式微课、录屏式微课，画中画式的微课、交互式的微课等形式相继出现。

（2）从微课的制作人员上看，随着教育和技术的发展，出现了专业的微课录制团队，由专业的视频设计人员和学校一线的优秀教师相互配合，共同开发设计高质量的微课。微课的音质、画质、动画效果等会得到很大的提高。微课资源建设需要一线教师和相关企业的共同参与、相互合作。一线教师拥有的是多年积累的教学经验和富有创造性的教学设计，而相关企业拥有专业化的技术，双方合作实现共赢，共同促进微课质量的提升和资源的建设。

（3）从微课的数量和资源结构来看，越来越多的微课正在产生和发展，促使微课的内容成系列化，即某一学科或者某一专业领域不再是仅仅拥有一些零散的微课，学科知识内容以相关联的微课串联在一起。各学科领域拥有一系列具有内在逻辑结构的微课展示完整的知识结构，形成学科化的微课群，微课资源渐趋丰富。

（4）从网络平台的完善上看，在网络平台上增设了学习者能够相互交流讨论的区域，给予学习者反馈的通道。

（5）从学生的角度看，一是在学习新知识时，学生可以自主选择适合自己的或者自己喜欢的微课进行学习。富有个性化的微课能够满足学生的个性化需求。二是巩固复习时再次使用。微课为数字化视频，可以长久保存，方便学生随时观看、学习和巩固。可以说，微课是一种可以多次利用的教学资源。

（6）从教师的角度来看，录制的微课上传到网络平台，教师们可以从中学习其他教师关于某一知识点是如何进行设计的，学习他人采用的录制方法和形式等，这样能够促使教师之间相互借鉴，提升教师录制微课的水平，促进教师的专业发展。可以说，微课是教师专业发展的有效途径。

（7）从学校的角度看，各学科的微课，不同录制形式的微课，形成了系统化的微课资源，有利于促进国家课程的校本化研究。随着网络技术的发展，可以搭建一个较为完善的教学资源库，这个教学资源库不仅包含微课，还包含教学设计、教学反思、教师互评、学生评价等各个方面的资源。微课带动的教学资源库的建设利用，可以改变教师的教学评价方式和途径，实现信息的快捷交流与共享。由此可见，微课的建设促进以微课为中心的教学资源库的构建，带动课程校本化研究的推进。

（8）从区域来看，微课有利于实现教育资源交流与共享。倘若某一区域内举办微课大赛和相关研讨活动，校际之间进行观摩学习、听评课、交流讨论、反思论证等，可形成区域化的共识和特色。

（9）从教学形式上看，微课目前主要应用于教育教学实践，尤其是翻转课堂教学模式之中。在线学习、电子书包、慕课等都有微课的使用。以微课为核心的教学模式的创新和资源建设格局的形成，将会深化微课的应用和发展。

从以上几方面可以看到微课发展的空间广阔，微课的应用前景让人无限期待。随着越来越多的人参与到微课的制作中和先进技术的应用，微课的数量不断增多，微课的质量不断改进，微课涉及的领域和层面不断扩展，开始形成系列化的微课体系。也许不久的未来就会呈现出高质量的微课群。

第四节　微课在大学英语课堂中的应用实践
——以英语翻译课堂为例

一、微课辅助的英语翻译课堂教学模式

互联网时代，许多教师利用多媒体设备制作出优秀的微课视频，学生通过网络在课前进行学习并完成相应的翻译练习，这种形式增强了学生对翻译的兴趣，提高了课堂学习效率，因此受到学生的欢迎。在微课辅助的教学模式中，与课前学生通过视频自主学习同样重要的是新的课堂教学模式，即课堂翻译实践。科技的进步固然可贵，但想要帮助学生切实提高翻译水平，还需在课堂中回归翻译的本质。

下文结合体验式学习理论，从教学模式、教学步骤和对教师的要求三个方面探讨在微课辅助的翻译课堂上，教师如何更好地辅助学生体验翻译的过程，给予他们有效指导，提高学生的专业水平和翻译质量。

（一）体验式学习理论及微课辅助翻译教学模式

体验式学习理论是由美国学者 David Kolb 提出的，他认为学习不是简单地复制知识，而是一个创造知识的过程，个性化的知识来源于个体对实践体验的理解和转换。从广义上讲，体验式学习是一种在教师指导和促进下，支持学生将知识

和概念理解应用于现实世界的问题学习模式。体验式翻译教学可以有效提升学生的翻译能力。体验式学习模式为学生提供的学习动力来自教师为学生创造的学习环境和条件，也来自师生及学生之间的反馈，该模式鼓励学生成为自我导向的学习者。与传统的翻译课上学生被动的学习模式不同，微课的视频教学可大大节省课堂上教师讲述翻译理论和技巧的时间，使学生有更多的时间在教师的指导下进行翻译操练，体验翻译过程。通过体验式学习，学生主动思考，联系已有知识，发现问题、解决问题，从而深化对新知识、新技能的理解。因此，体验式学习是一种以学习者为中心，通过实践进行反思，获得知识和技能的学习方式。翻译课是一门实践性很强的课程，与体验式教学理念不谋而合。此外，体验式教学强调个体经验对学习的意义，特别关注对经验的总结和反思，从深刻的反思中获得经验，而反思和总结恰好也是提高翻译技能必不可少的学习步骤。

在传统的翻译课堂教学中，教师需用较多的时间讲解翻译技巧，学生做翻译练习的时间较短。微课辅助的模式将技巧的讲解以视频教学的模式在课前布置给学生，教学内容高度凝练，符合当代大学生接收信息的习惯。这样使学生的翻译实践转移到课堂中，学生能有足够的时间体验翻译实践，在教师的指导下建立良好的翻译习惯。

1. 教学目标

翻译课程作为一门实践性较强的课程，其教学目标应结合翻译行业具体实践的要求。2005年出版的《翻译服务译文质量要求》，就译文质量的基本要求、翻译译文中允许的变通、译文质量评定做出规定。教师应按质量要求，从规范性和灵活性两方面安排教学内容，提高学生的翻译能力。

2. 教学内容

（1）规范性训练

规范性是评价译文质量的基本要求。规范性包含以下几项内容：译文忠实原文，术语统一，数字表达、计量单位、符号、缩写、排版等方面保持一致。规范性训练是提高翻译能力的基础，在翻译学习的初始阶段尤为重要。在规范性训练时，教师应专注于教学目标，在翻译学习的初始阶段培养学生严谨、认真的态度。在此后的灵活性、专业性训练中，也应适时提醒学生保持一以贯之的态度。

独立翻译是翻译教学中最传统的操练模式，独立翻译能够比较真实地反映出学生实际的翻译水平。规范性训练中，教师应安排翻译练习，并在学生独立完成翻译练习后，归纳总结，及时发现学生的普遍性问题，并加以提示纠正。此外，根据学生遇到的特殊性问题，教师应给出有针对性的修改意见。如果有条件要为学生建立翻译档案，分门别类地列出学生在哪些方面需要改进，如正确使用词典、长句的组织、某种文体风格的把握等。

教师还可以在翻译练习前安排学生组成小组，共同讨论，保证准确理解原文的意义，理顺行文思路和逻辑，把握原文的风格。在小组讨论中，学生除了发表个人意见外，还可以听取小组成员的见解，取长补短，通过讨论了解自己的不足，也可以通过讨论证明自己观点的正确性，逐渐培养对自身翻译能力的自信。

规范性练习除了传统的句子和篇章等主观翻译练习外，还应结合填空等形式的客观题，考查学生对诸如国际组织缩写、英文计量单位识别、英制与公制的转换等方面知识的掌握情况。教师要根据学生的知识水平，安排有针对性的练习。

例如，教师在布置新闻翻译一章的练习时，要强调原文理解的重要性，包括要有语法、语境和文化等意识。设计课堂练习时要重点讲解如下典型的译例。句中存在翻译错误。(France are hoping to win 20 medals at next year's Winter Olympic Gamesin Pyeongchang after the formal unveiling of their Lacoste-designed kit.)A blue, white and red polo shirt and a white jacket is among kit due to be worn in the Athletes' Villages.

译文：公司还为运动员设计了在奥运村时穿着的服装，包括红色、白色和蓝色的球衣和白色的外套。

译文有歧义，可以理解为三款不同颜色的单色球衣，或一款红、白、蓝三色球衣。如果仔细阅读原文，会发现语法上不存在歧义，通过不定冠词 a 和单数形式的中心词 shirt 可知，公司设计的是一款红、白、蓝三色球衣。通过上下文可知，这款球衣是为参加冬奥会的法国代表团设计的，而法国的国旗正是由红、白、蓝三色组成。因此，此句话可译作"一款红、白、蓝三色球衣"。通过这个例子，学生可以较为深刻地认识到翻译过程中深入理解原文的重要性，以及理解原文时要敏锐地把握原文的语法、语境和文化。

（2）灵活性训练

灵活性主要指在语言输出方面，译文要准确表达原文的意义，还原原文的风格；译文的语法、搭配、语序、逻辑合乎译入语习惯，没有翻译腔；译文语篇连贯。翻译初学者在实践中有时缺乏足够的灵活性。他们更倾向于用原文语言符号的所指意义甚至词典意义来表达原文，忽视搭配原则，忽视语境、语域和交际场景的意义，无法做到脱离原文的语言形式，结果译文非常生硬。因此，教师在强调规范性的同时，要培养学生翻译的灵活性。训练中，教师一方面要结合微课的内容选择有针对性的翻译练习；另一方面要综合运用各种方法，帮助学生提高翻译的灵活性，尤其要强调译后审校的重要性。

学生独立完成翻译练习后，教师要提示学生审校译文，检查译文是否忠实于原文，之后必须完全脱离原文进行第二遍审校。只有脱离原文，学生才能以读者的眼光去审视译文是否通顺，比较容易地发现译文中不通顺的表达。此后，通过对照参考译文，教师指导学生找到参考译文中的变通之处，分析、提炼变通的方法和思路，使学生能够比较清晰地了解自己的翻译水平，明确需要努力的方向。微课辅助的翻译课堂的优势是教师可以在学生的翻译实践中进行过程控制，学生进行独立翻译练习时，教师应给予学生个性化的翻译意见。学生各自独立完成翻译任务后，结成小组，进行文本对照和讨论。教师通过加入小组讨论，鼓励学生分享自己的译文，并对不同的表达进行充分讨论。学生通过讨论，互相学习和借鉴，充分体验翻译的灵活性，并从不同的表达中做出取舍，辨别选词的细微差别，从而提高对语言的感知能力。

和规范性训练一样，教师在训练学生翻译的灵活性时也要寻找典型的译例，帮助学生提高翻译中的灵活性。教师要在布置文学翻译练习时强调译文文从字顺的重要性。例如，日裔英籍作家石黑一雄的作品《远山淡影》（*A Pale View of Hills*）开篇有这样一段文字：Niki, the name we finally gave younger daughter, is not an abbreviation; it was acompromise I reached with her father. For paradoxically it was he who wanted to give her a Japanese name, and I-perhaps out of some selfish desire not to be reminded of the past-insisted on an English one. He finally agreed to Niki, thinking it had some vague echo of the East about it.

"echo"一词的词典意义有回音、反响、回声等，可以帮助学生理解原文。学生要反复阅读原文，并在教师的指导下，查询原文出处。原文讲述的是一对跨国夫妇在帮女儿取名时出现了分歧，父亲是英国人，希望取日本名；母亲是日本人，反而希望取英文名。最后的结果是取 Niki 这个名字。如果只翻译字面的意义，可能末句会译成"思考着这个名字有东方的回响"，从而出现词不达意的问题。照搬字典的解释在表达时均不适合。如果学生在这里理解困难，教师要提醒学生查询 Niki 这个名字的来历。Niki 既是英文名，是 Nicholas 的缩写，意为"胜利女神"，也是日文名"仁木"的罗马字拼法，意为"两棵树"。因此，学生意识到这个名字也像日语。表达时，需要学生考虑中文的搭配习惯，选择合适的译法。

参考译文：我们最终给小女儿取名叫妮基。这不是缩写，这是我和她父亲达成的妥协。真奇怪，是他想取一个日本名字，而我——或许是出于不愿想起过去的私心——反而坚持要英文名。他最终同意妮基这个名字，觉得还是有点东方的味道在里头。

保持灵活性的前提是忠实原文，在信息型文本的翻译中译文要忠实于原文信息；表情型文本的译文要忠实于原文的审美性和艺术形式；呼唤型文本的译文要忠实于原文的功能。教师要提醒学生根据不同的文本类型灵活选择翻译策略。例如，广告语属于呼唤型文本，以某家体育机构的广告语"Excellence on and off the Court"为例。引入中国后，此广告语最初译为"场上场下都是精英"，这个译文只做到了译出信息，却忽视了广告语最为重要的呼唤功能。教师应指导学生对此进行讨论，集思广益，选择更恰当的译文。参考译文为"开发潜力，领跑人生"，既保留了原文的语义，读起来也朗朗上口，些许的夸大也符合中文广告语的特点。

3. 教学步骤

（1）回顾教学视频内容

翻转课堂的本质是将知识和技能的讲述与实战操练位置互换。为确保学生课前认真完成视频学习，并进一步巩固学生对翻译理论和技巧的掌握，教师需在每一次课堂教学的开始阶段，利用提问等方式，检查学生作业完成的情况。此外，教师还应就教学视频中的重点、难点与学生进行讨论。通过翻译理论的探讨，教师一方面可以帮助学生提高对翻译这门学科的理解；另一方面还可以通过对学生的观察，反观自己所设计的微课是否有进一步提升的空间。

（2）结合教学视频内容，指导学生的翻译练习

微课辅助的翻译课堂中，教师要参与到学生的操练过程中，加入学生的小组讨论，就翻译练习中的难点对学生加以点拨。教师不应像传统的翻译教学一样，直接给出参考译文，而应给学生充分的讨论时间，鼓励学生主动思考，联系微课视频中的知识和技巧，将其运用到翻译实践中。教师加入小组讨论时要

掌控发言时间，鼓励小组中的每个成员都积极发言，敏锐地观察学生的反应，尽量排除与翻译任务不相关的因素，指导学生以客观、专业的态度进行讨论。教师应安排翻译模拟训练，模仿真实翻译工作，按照翻译行业的运作流程进行笔译练习。安排学生组成工作项目小组，分别担任项目经理、初稿译员、二稿译员、初稿审校和终稿审校，帮助他们了解真实的翻译项目流程。

（3）撰写课堂小结

课堂小结应从宏观和微观两个方面完成。宏观方面，学生需根据微课视频、小组讨论和翻译习作的内容总结提炼翻译技巧；微观方面，学生要总结具体的翻译案例，积累精确、简练的表达。

（二）微课辅助的翻译课堂教学对教师的要求

微课辅助的翻译课堂看似以学生自主学习为主，实际上对教师提出了更高的要求。一方面，需要教师合理安排操练内容和操练方式，因材施教；另一方面，需要教师提升自身的双语功底。具体来讲，教师要从翻译能力、翻译批评能力和翻译教学能力等方面不断提升自身的水平，才能在课堂上给学生及时的反馈和足够的支持。

1. 翻译能力

传统的翻译课堂上，教师在讲解翻译技巧后会布置翻译练习，给学生一段时间思考，随后讲解参考译文。而微课辅助的翻译课堂需要教师参与到学生的课堂讨论中，给予每个学生个性化的指导。本科阶段的英语专业学生在翻译学习的初级阶段会出现许多错误，如望文生义、语法错误、逐字翻译、漏译和误译等问题。教师只有自身对语言有很好的把握能力，才能一针见血地指出学生的问题，并加以指导。

2. 翻译批评能力

传统的翻译课堂上，教师往往奉参考译文为标准，给学生一种参考译文是"标准答案"的错觉。随着时代的进步，翻译也不是一成不变的，语言本身也有一定的弹性。以古典名著为例，许多东西方经典著作经过多次复译重新出版。名著尚且可以复译，翻译练习也绝不应该有标准答案。教师要鼓励学生充分发挥翻译的灵活性，鼓励多样化表达。这就需要教师有较强的翻译批评能力，给予译文多样化的、中肯的批评意见，能够对学生的译文准确地评判。教师应准确把握评判尺度，既不全盘否定，也不应不加选择地全部接受。学生在翻译中常常出现神来之笔，教师不应拘泥于参考译文的条条框框，而应对其加以肯定。

3. 翻译教学能力

传统的翻译课堂上，教师由于课时等限制，只能给学生概括性的反馈，且许多教师习惯采取纠错式的教学方法，无法给学生正面的反馈。教师对学生译文的评判应遵循"纠错配合肯定"的方法，既指出缺点，也肯定优点。此外，教师需根据学生的特点，帮助学生制订学习计划，如有的学生对某种文体的翻译感到吃力，教师可以帮助他列出这种文体的书单，以增加高质量的语言输入，从而克服困难。

微课辅助的翻译课堂相比传统的课堂教学，其效率有了很大的提升。一方面，学生通过体验式学习，对翻译的本质形成了更为深刻的认识，并在教师的指导下通过翻译实践不断提高自身的翻译能力；另一方面，教师应不断收集微课资源，提高制作微课的水平，不断摸索更加有效的课堂教学方法。教师本身要不断学习，提高知识水平、语言能力和翻译能力，给学生的翻译实践以最好、最有效的支持。

二、微课模式的大学英语四级考试翻译教学设计

微课的出现顺应了互联网时代现代教育技术的发展需求，实现了教学模式的多样化。下面就微课模式的大学英语四级考试翻译教学的可行性与教学设计进行了简要分析。

随着大学英语四级考试题型改革的深入，"优化输入以及重视输出"的理念成为一个趋势。作为英语语言输出的一部分，翻译环节对学生的英语技能提出了很高的要求。传统的英语四级翻译教学主要是灌输式占主导，难以激发学生的学习兴趣，改变教学设计势在必行。微课属于新型教学模式的一种，建立在教学视频的基础上，针对四级教学重点设计出的一种支持在线观看和学习的视频课程资源，由于其利用率高，传播快捷、方便，受到了高校师生的青睐。

（一）微课模式的大学英语四级考试翻译教学的可行性

首先，教师层面。跟中小学英语教师相比，大学英语教师的学历更高，信息化素质更强，具备更快接受新事物的能力。这些具备大量英语教学知识体系的大学教师能够结合教学经验实现四级考试翻译教学模式的创新，加上信息化在高校教学方面的渗透，为微课模式的实施奠定了很好的基础。

其次，学生层面。跟中小学生相比，大学生的自主学习能力比较强，能够通过观看微课视频来完成知识点的学习。通过查阅相关资料，卜彩丽等在对大学生开展调查问卷中看出，45%的大学生认为自己的自学能力比较好，可以独立地完成知识点的预习与复习；32%的学生认为虽然自己的自学能力一般，但是也可以通过观看教师的视频来完成学习。

从这些数据可以看出，我国高校学生的自主学习能力还是值得肯定的，而且大学生具备相应的英语表达能力，这点也为微课模式在大学英语四级考试翻译部分的教学打下了坚实的基础。

（二）基于微课模式的大学英语四级考试翻译教学设计

1.大学英语四级考试翻译部分分析

结合微课的基本特征来看，微课视频的大小基本在50兆左右，把某个知识点讲解的时间控制在10~15分钟，能够让学生理解知识点并通过练习深化知识点，因此，要认真分析四级考试中的翻译部分。2013年，国家教育部门对大学英语四级考试的翻译课程进行了改革，新题型为篇章性质的翻译，主要是测试学生对汉语表达的信息转化为英语表达的能力。内容有历史、文化、社会发展等，基本的篇幅汉字在150个左右。事实上，在四级考试中，翻译内容都是以说明文的题材呈现出来，近几年并没有其他文体的出现，整个篇幅主要是由5~7个单句组成，在考试中不需要非常复杂的翻译理论。

2.大学英语四级考试翻译部分的微课设计

通过对四级考试中翻译部分的分析可以看出，在提高学生四级考试翻译能力方面，教师要把精力与核心放在单句的翻译上面，结合微课的相关理论，把知识点聚焦在单句方面，结合具体教学目标与教学内容设计微课视频，在设计的时候要注重微课的趣味性与情境性，通过以下几个步骤来完成单句的微课模式设计。

（1）先阅读全文，对文章有个整体的理解。主要目的是通过浏览全文来确定文章的内容，是有关历史还是文化、经济等这方面的内容，这样才能更好地判断文章的语调，确定运用的语法形式及翻译方式，找出重点的词汇、词组。

（2）对于汉语词汇的属性进行认真分析，特别是汉语句子中的名词、动词、介词等，找出句子中的定语和状语。接着对单句进行词汇方面的分解，这样才能清晰地表达分解出来的词汇。例如，"剪纸（paper cutting）是中国最为流行的民间艺术形式；中国剪纸的历史可以追溯到一千五百年前，在明清时期 (the Ming and Qing Dynasties) 最为盛行"。在这两个句子中，名词有剪纸、艺术形式、历史；动词有是、有、盛行；形容词有最为、传统的、民间的；副词有特别；介词有在……时期。根据分析出的重点的汉语词汇性质，采取合适的英语句子结构。

（3）根据英语句子的五种结构，形成标准化的英语句子公式，进而确定主、谓、宾、定、状、补的位置，特别是在确定主语跟谓语方面非常重要。接着还要分析各个句子之间的内在联系，在进行单个句子阅读的时候，要看句子之中是否存在比较关系、让步关系及结果关系等。例如，"中国父母关注比较多的是孩子的成绩，因此不会让他们帮忙来做家务活"这句话中，就存在结果关系；在"中国一部分人用面粉做面包，但是多数人用来做馒头及面条等面食"这句话中，存在转折关系；在"丽江的生活节奏跟其他城市相比比较缓慢"这句话中，存在比较关系。

（4）结合一些常用的句子进行训练，对单句的语法知识及常见的搭配词组进行分析。通过追踪这几年的翻译考试篇章，常见的单句句型如下。

①"是"字句，用来解释说明。在进行这种句型翻译的时候，一般都是通过 be 动词进行，结构为主系表。例如，"屈原是一位忠诚和令人敬仰的大臣"，可以翻译为 "Qu Yuan was a loyal and highly esteemed minister"。

②it 开头的句型。例如，据统计……，据分析……，据报道……，等等；再如，强调句型与形式主语的使用，it is...that..，中文就是"正是由于……"。

③同位语解释句。这种句子类型在翻译的时候可以使用非限定性定语从句进行。例如，"越来越多的年轻人对旅游产生了兴趣，这是新趋势。"翻译为："More and more young people are getting interested in tourism, which is a new trend."

④连续单句的翻译。翻译这种类型的句子时，可以先找到句子的主语，并列使用谓语动词进行翻译，在各个句子之间用 and 或者 but 等，还可以运用非谓语动词形式用作状语。

⑤比较状语从句的翻译。这种类型可以分为两种：一种是主语 + be 动词 + 形容词的比较级 + than，最后加上另一个主语；另一种是 the 形容词比较级 + 主语和谓语。

（5）根据上文分析，选择一个恰当的翻译方式，结合具体的需要选择增加词汇、拆分等方式，并进行最后的修改和润色。

（6）通过上述几步教学设计，将视频录制时间控制在恰当的时间内。上述所有的知识点都是四级考试的翻译解题技巧，并在课程中附上历年四级考试翻译部分的真题例句，把微课内容跟提高学生的解题能力结合在一起，让学生通过课上、课下观察该微课视频来掌握四级考试翻译部分的要领。

三、微课的商务英语翻译项目化教学

随着教育体制改革进程的不断加快，微课作为一种新兴的教学模式渐渐走入人们的视野。结合教学工作，我们对商务英语专业毕业生就业情况进行数据分析，剖析商务英语翻译教学现状，并提出针对性的建议。

（一）基于微课的项目化教学

1.微课的定义

微课是以微型教学视频为主要载体，利用多样化的信息化手段，展开情景式的在线视频课程，主要是针对某一学科的教学环节或其中的知识点进行设计和开发。其特点就是使学习碎片化、便捷化，不受时间和空间的限制，可以无时无刻尽享知识的乐趣。通过这种个性化的自主学习模式，方便、快捷地掌握知识脉络体系，可以根据自己掌握的学习程度，调整视频的进度，提高学生的学习效率。

2.项目化的教学设计

（1）课前的知识传授

由于中西方的思维方式不同，其语言表达的方式也不尽相同。所以，英语翻译教学的关键在于培养学生的英语思维能力。

（2）课内的知识内化

考虑到商务英语专业学生的自身特点及日后就业的岗位需要，在实际课堂教学中，可以采用以口语翻译为主、笔译为辅的教学方法。同时，改变传统的作业评价教学机制，充分发挥学生的主观能动性，教师利用一切教学方法，激发学生的学习热情，引导学生作为"学习的主人"，展开自我学习的过程。

具体教学可以分为以下几个步骤：

一是，将课前译文以口译方式再现；

二是，针对文中的重点及难点，展开小组讨论，任课教师从旁指导，给予

参考意见；

三是，每小个组讨论的结果可以由小组选派代表的方式进行发言表述，其他学生可以畅所欲言，发表不同的观点和看法，任课教师给予总结、归纳，阐述本节课的重难点，并对学生理解不当的地方重点讲解，做到详略得当；

四是，任课教师对学生的译文、讨论和陈述情况给予评价，并利用互联网等多种信息化教学手段，将学生未能涉猎到的知识内容及时补充、归纳，并对翻译技巧和方法进行总结与指导；

五是，对学生的翻译和技巧的掌握情况进行考核、校验。

（3）课后的知识拓展

课下，学生要对当堂所学的知识点进行消化、理解、归纳、总结，要做到今日事，今日毕，绝对不要把不懂的问题留到第二天。还可以重新修改课上的译文，并根据课上所讲的新译文方法利用课余时间再完成一个新译文作业，并积极地和任课教师沟通、交流、互动。教师可以在线收集学生的课堂反馈和总结，解答学生所提出的问题，还可以在线收取学生的译文，利用网络、邮箱等线上工具完成批改工作。

（二）翻译项目化教学的效果及反思

1.教学的效果

通过对学生作业的批改、课堂的对比和个案访谈等方式，教师发现学生们已经开始接受并适应了微课项目化教学。

（1）采用传统教学模式进行翻译技巧讲解时，为了能够按时完成当堂的教学任务，任课教师一般留给学生思考、吸收的时间很少，教材中的例句过于枯燥且大多与社会脱节，往往并不能吸引学生上课的兴趣，导致所教的翻译技巧不能很好地应用在后续的译文练习中，不能实现预期的教学效果。而学生在微课项目化课堂上，学习的自由性相对扩大，学生们的积极性也有所提高，可以主动积极地参与训练。

（2）传统的教学模式，学生受到客观或者主观因素的影响，有时上课的注意力不能很好地集中，大部分学生都是以应付的态度去完成翻译等作业练习。采用微课项目化教学模式以后，学生可以观看微视频，使学习不再受到时间和空间上的限制，真正地实现了个性化学习，可以轻松地掌握知识难点和要点，加上依托于校企合作方式，在翻译素材方面也为学生选择了难易度适中而且接近就业的材料，因此，学生的学习积极性都比较高，译文的质量也明显得到了提高。

（3）通过与学生的单独交谈得知，大部分学生都觉得微课能让他们自由选择学习的时间和地点，翻译材料难易度适中，而且接近实际生活，不再有枯燥的感觉，同时对日后所要从事的工作有了一定了解，建立了自信心，提高了学习的积极性。

2. 教学上的反思

这种教学模式虽然得到了大部分学生的认可，学生们也很享受这种教学方式所带来的便捷和乐趣，但是，依然存在着一定的弊端。

（1）微课制作采用的都是全英文讲解，对于基础薄弱的学生，没有教师进行指导，在一定程度上增加了理解的难度，使教学效果有所降低。

（2）课堂上讨论时间控制得不恰当。对于基础较弱的学生，积极性相对较低，因此，配合得不好，羞于在讲台上进行口语表达，打乱了原有的教学安排。

在以后的教学中，我们要扩大研究数据的收集范围与对象，还要评估总结微课项目化教学的效度，并在日后教学改革中恰当应用。

随着市场对人才需求的不断变化，教学也应顺应市场需求。我们也应该转变思路，积极开展校企合作，借助微课的信息教学技术，开发适合本专业的项目化教学，将翻译知识要点等根据市场需求融入项目化教学中，有效地利用课内与课外时间，使学生的翻译能力得到有效提高，培养出适应社会发展需求的商务翻译人才，更好地为社会服务。

第四章　翻转课堂概述

随着全球化进程的加快及信息技术的发展与普及，网络视频教学也随之迅速发展，翻转课堂在这种信息化背景下应运而生。

第一节　翻转课堂的概念和内涵

一、翻转课堂的兴起

翻转课堂起源于美国。早期的翻转课堂实践和研究，主要是在高校中进行的。最早开展翻转课堂研究工作的是哈佛大学的物理教授埃里克·马祖尔。为了让学生的学习更具活力，他在20世纪90年代创立了同伴教学法（Peer Instruction），马祖尔认为，学习可以分为两个步骤，第一步是知识的传递，第二步是知识的吸收内化。传统的教学重视知识的传递，却往往忽视了知识的吸收内化。实验证明，同伴教学法恰好可以促进知识的吸收内化。在传统的讲授式教学过程中，知识信息的流动是单向的，既缺乏师生之间的互动，又缺乏学生与学生之间的交流。而同伴教学法讲究的是同类人即学生之间的学习互助，马祖尔将此法应用于教学中，通过小组内学生对概念意义的讨论，使学生参与到教学之中，成为积极的思考者，以此促进学生对基本概念的理解以及问题解决能力的提高。随着信息技术的发展，出现了计算机辅助教学形式，知识传递的问题已经很容易解决了，所以马祖尔认为，教师的角色完全可以从演讲者变成教练，从传授者变为指导者，教师的作用在于侧重指导学生的互助学习，促进学生对知识的吸收内化。

2000年，莫林拉赫、格伦·普拉特和迈克尔·特雷格拉发表了论文《颠倒课堂：建立一个包容性学习环境的途径》。文中谈到了美国迈阿密大学在开设"经济学入门"课程时采用翻转教学（当时称为"颠倒教学"或"颠倒课堂"）模式的情况，并着重谈到了如何使用翻转教学激活差异化教学，以适应不同学生的学习风格。不过，文中并未正式引出"翻转教学"和"差异化教学"这些概念。

J. 韦斯利·贝克在2000年第十一届大学教与学国际会议上提交了论文《课堂翻转：使用网络课程管理工具让教师成为身边的指导者》，文中提出了让教师成为"身边的指导者"，替代以前"讲台上的圣人"，一时之间这成为大学课堂翻转运动的口号。教师使用网络工具和课程管理系统以在线形式呈现教学内容，将其布置给学生学习作为家庭作业，然后在课堂上教师更多地深入参与到学生的主动学习活动和协作中——这便是贝克在论文中提出的"翻转课堂模型"。

2000年秋季学期，威斯康星大学麦迪逊分校在一门计算机课程中进行了翻转教学改革，使用了 eTeach 软件进行流媒体视频（教师讲解与 PPT 演示结合的视频）演示，以取代教师的现场讲座。放在网上的讲座视频允许学生在有空并且最细心和注意力最集中的时候观看，同时还允许学生和教授用上课时间解决问题，增加师生之间的互动，极大地提高了课程的应用性、便利性和价值。

2007年，杰里米·斯特雷耶在博士论文《翻转课堂在学习环境中的效果：传统课堂和翻转课堂使用智能辅导系统开展学习活动的比较研究》中论述了翻转课堂在大学的设置情况。作者在自己讲授的统计和微积分课程中，把教学内容录制为视频作为家庭作业分发给学生观看，课堂上再利用在线课程系统 Black board 的交互技术，组织学生参与到项目工作中。杰里米·斯特雷耶在论文中谈到学生们会控制正在观看的视频，因此能保持机敏地接受新信息。

我们可以看出，早期的翻转课堂实践，是在高等教育阶段的某一学科开展的初步尝试，希望借助于视频帮助学生学习知识内容。从另一个侧面来说，早期的翻转课堂实践更多的是采用一种计算机辅助教学形式。其蕴含着的教育理念——促进学生之间互助互学、增加师生交流互动、促进学生对知识的吸收内化等，这和以后发展的翻转课堂的教育理念之间是一脉相承的。

二、翻转课堂的发展

2004年，为了给表妹纳迪亚辅导数学作业，萨尔曼·可汗（Salman Khan）在无意中创建了一种新的教学模式。当年的可汗只有28岁，数学是他的强项。他有美国麻省理工学院数学学士、计算机科学和机电工程硕士以及哈佛大学工商管理硕士等学位，毕业后一直在波士顿的一家对冲基金公司担任基金分析师。

在可汗帮表妹解决数学难题的过程中，通过称为雅虎涂鸦的程序，他可以看到对方在电脑上所写的内容。他们通过电话交流，制订好学习的课程计划，决定从令表妹纳迪亚烦恼的单位换算开始辅导。

可汗会编写代码，他列出一些练习题，让纳迪亚在网上练习，以检查她的学习效果。在可汗的帮助下，纳迪亚的数学进步神速。纳迪亚在重新参加的数学摸底考试中取得了优异的成绩。后来，纳迪亚的两个弟弟阿尔曼和阿里也要求可汗做他们的家教辅导。再后来，不少亲戚和朋友听说此事，他们又带来了一些朋友，可汗拥有近 10 名学生。

为了跟踪了解每一个孩子的学习进展情况，萨尔曼·可汗开始将很多概念做成"模块"，并建立了数据库。由于雅虎涂鸦无法让很多学习者同时观看，于是可汗开始制作教学视频，并上传到 YouTube 网站给大家共享。可汗制作的视频都很短，只有 10 分钟左右，包含两个方面的内容——黑板上的草图和画外音，结合起来对一些概念进行讲解。在他发布的视频中，孩子们只能看见可汗的一双手在书写、绘图，听到他的讲解，却看不见他这个人的样子，这样就减少了许多不必要的干扰因素。如果在视频中加入人的面部，学生就很容易分神，无法集中注意力在视频讲授的知识内容上，而是更多倾向于观察讲课教师的特征和面部表情的变化，所以，可汗决定在录制视频时不出镜。

可汗的第一段视频是在 2006 年 11 月 16 日上传到 YouTube 网站的，接下来便一发而不可收。就在他的视频发布不久，在一个有关微积分的视频下开始有人评论："这是我第一次笑着做导数题。" "我也是，我真的是度过了高兴和兴奋的一天。我原来看过矩阵课本，但我更喜欢这里的，好像我学会了武功。"……此后，可汗每天都能收到感谢和鼓励的留言。不到 5 年，可汗制作教学视频从副业变成了职业，他俨然成了"网络数学教父"。

在好评如潮的情况下，可汗于 2006 年创办了"可汗学院"。他又招募了艺术和历史方面的两位讲师。可汗学院的视频数量日益浩大，从数学的基础核心课程，如算数、几何、代数、微积分等，到物理、生物、化学、金融，再到"拿破仑战争""外星人绑架揭秘"……内容非常广泛。如今，可汗正在添加更多领域的教学视频，比如会计、信贷危机、SAT 和 GMAT 考试等。为此他必须先自己掌握这些知识，然后传授给他人。可汗希望以自己的努力来改变人们学习的方式，"让任何人，在任何地方，都得到世界一流的教育。"特别要强调的是，可汗学院的所有视频课程均是免费的，世界各地的人们都可以免费观看，这也正是可汗学院得到广泛支持的关键所在，是它打败传统教育机构的独门法宝。可汗学院的使命，就是让地球上的任何人都能随时随地享受世界一流的免费教育。

可汗成为美国业余教育的精英，受到人们的热捧。2011年3月，可汗在加州长滩举行的TED2011大会上应邀发表演讲，全体听众起立鼓掌。比尔·盖茨当场上台，就可汗的项目与之交流。可汗的免费网站得到了越来越多科技领袖们的财力支持，这成为它发展壮大的坚强后盾。如今，可汗学院的教学已经通过网络走进世界各地的实体教室。在一些地方，它甚至已经取代了教科书。

2011年11月，加州洛斯拉图斯学区的学校正式与萨尔曼·可汗合作，率先在五年级和七年级引入了可汗学院课程，并在可汗的帮助下开启了一套崭新的教学系统。学生和教师共同使用可汗学院的网站。学生登录网站观看视频并做练习题。教师作为"教练"在后台察看全班学生的学习数据："蓝色"代表这个学生正在学习，"绿色"代表他已经掌握了知识点，"红色"代表他的学习存在问题。教师能通过数据知道学生的真实水平，了解他们每天花多长时间看视频，在什么地方暂停或完全停止观看，以便为学生提供更有效的学习指导。当学生观看视频发现不懂的地方时，学生可以随时发邮件提出问题，可在线回答问题，每秒钟可以回答15个问题。可汗还在网站上设计了一种基于自动生成问题的Java软件：只有当学生全部答对1套（10道）题后，Java软件才会提供更高一级的题目；做到某一步，奖励学生一枚勋章。这种"满十分前进"的模式让孩子们能够循序渐进地快乐学习。改进后的练习系统还能生成一个知识地图，帮助学生做出学情分析，并用图表方式反馈给学生，让学生知道自己哪里薄弱、哪里需要进一步学习和改进。

从参与可汗学院教学试点项目的学生中，我们惊喜地看到了成果：学生的学习成绩没有下降，反而有了显著的提升。从学习成果看，与前一年相比，学生的平均分增长了6%，顺利毕业的学生人数增长到了原来的两倍，有的学生成绩等级连跳两级。可汗学院的教学方式也改变了学生的性格，学生更加刻苦努力地学习，开始承担属于自己的学习责任。其他新试点项目也取得了类似的效果。

在美国的其他地方，一些一线教师直接把可汗学院的视频加入到自己的翻转课堂中，省去了自己录制教学视频的技能困扰——毕竟录制高质量的教学视频除了需要熟悉技术操作外，更需要有高超的教学讲解技能。

可汗学院的规模越来越大。截至2014年1月，YouTube上的"可汗学院频道"共吸引了163.3万订阅者，观看次数超过3.55亿次。对目前为止，可汗已经制作了4800段教学视频。所有的这些教学视频是完全免费的。同时，教学视频覆盖的内容非常广泛，从基础数学运算到高等数学中的微积分，从物理到金融再到生物、化学，各学科知识应有尽有。

可汗的免费在线教学视频迅速推动了翻转课堂的进一步普及。我们可以这样说，翻转课堂是伴随着可汗学院蹿红全世界而被更多教育工作者了解的。现在已经有包括中国在内的越来越多的国家和地区的教师开始了翻转课堂教育教学实践。

三、翻转课堂的概念

目前，学界对于翻转课堂的定义尚未形成统一的概念。莫林·拉赫及格伦·普拉特认为：翻转课堂就是把传统课堂上讲授的知识放到课外，反之亦然。Brian Gonzalez 认为，翻转课堂赋予学生更多的时间与空间，课外给学生充足的自主学习时间吸收知识，课内给学生更多的空间交流讨论以促进知识内化。Jonathan Bergmann 等认为，翻转课堂是一种将直接讲解与建构主义相混合的教学模式，其通过独特的教育手段增强师生互动、生生互动；创造个性化的教学环境，促进学生个性化发展；可以保存教学内容让学生反复学习；教师不再是课堂的"独裁者"，而是教学的指导者。马秀麟认为，翻转课堂是指把课堂上教师讲授和课后学生做作业的教学顺序相互颠倒，课后成为学生自主学习的时间，课堂成为答疑解惑合作探究的场所，从而促进知识内化。张金磊等认为，翻转课堂是一种通过知识传授和知识内化的颠倒安排，进而改变传统师生角色的新型教学模式。钟晓流等认为，翻转课堂是指课前教师提供教学视频及学习资源，学生观看教学视频或学习相应的学习资源；课中师生相互交流、相互探讨、合作学习的教学模式。综合前人对翻转课堂的描述并结合自己的理解，我们将翻转课堂界定为：翻转课堂是指重新调整课堂内外时间，让学生在家或课外观看教学视频，在课堂上进行师生、生生互动并完成作业的一种教学形态。翻转课堂"颠倒"了传统课堂的教学顺序，变先教后学为先学后教，注重学生自主学习能力及实际运用能力的培养。

四、翻转课堂教学模式

与传统课堂相比，翻转课堂有着鲜明的特点。本章从教师、学生、教学形式、教学内容、技术应用及评价方式等六个角度与传统课堂进行相比较，见表4-1。

表4-1　翻转课堂教学与传统课堂教学的对比

	传统课堂	翻转课堂
教师	知识传授者、课堂管理者	学习指导者、促进者
学生	被动接受者	主动研究者
教学形式	课堂讲解＋课后作业	课前学习＋课堂探究
教学内容	知识讲解传授	问题研究
技术应用	内容展示	自主学习、交流反思、协作讨论的工具
评价方式	传统纸质测试	多角度、多方式

翻转课堂教学模式包括三个部分：课前自学阶段、课堂互动阶段和课后巩固阶段。

（一）课前自学阶段

课前，学生通过观看教学视频自主学习知识，并独立完成教师发放的任务单以检测自学中存在的问题，同学可通过网络和教师在线交流自学过程当中遇到的疑问与困惑。记录未能解决的问题，以便课堂讨论和老师进行专题讲解。

（二）课堂互动阶段

课堂互动阶段共分为三个环节：第一个环节是确定问题，教师根据学生课前自学情况的反馈信息确定课堂上要进行专题讲解的知识和小组合作探究的问题。第二个环节是解决问题，该环节是课堂活动的核心。教师对确定的问题进行合理地分配与课划，组织引导学生通过小组合作的形式自主探究、自主解决问题，并对共性问题进行专题讲解，从而使课堂真正成为学生发现问题、解决问题、内化知识的场所。第三个环节是汇报与总结，问题解决之后让学生作成果汇报，促进知识内化，同时让学生自主总结与反思，促进自我成长。

（三）课后巩固阶段

课后通过练习进一步巩固知识，同时进行个性化拓展学习，进一步促进知识的内化与升华。其具体教学流程如图 4-1 所示。

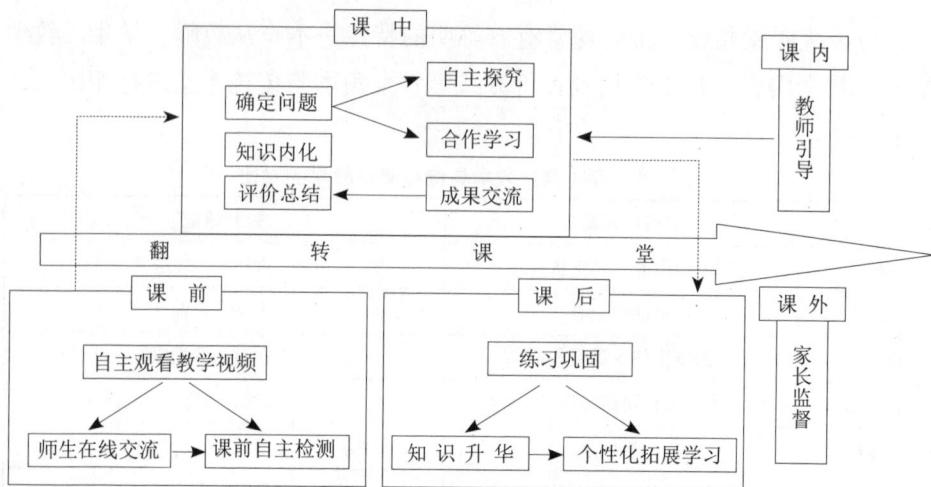

图4-1　翻转课堂教学流程

五、国内外翻转课堂研究述评

国外翻转课堂研究始于 1996 年，2012 年前研究不活跃，到 2012 年研究论文数量才显现快速增长的趋势，特别是 2012—2013 年间发表的有关翻转课堂的论文是以前十几年所发表的论文总和的四倍，到 2015 年有关翻转课堂的论文显现持续增长的趋势。与国外相比，国内在 2012 年前对翻转课堂几乎没有任何有价值的研究成果，所有研究成果均发表于近四年，呈现后来居上的趋势。

（一）国外翻转课堂研究

登录 Web of Science，使用关键词"Flipped Classroom""Flipped Learning"及"Inverted Classroom"搜索文献，剔除无用及不相关结果，依据文献引用率，得到最具影响力文献 161 篇。根据文献与主题相关性以及刊物的学术影响力，按照研究的适用课程、研究设计、课前、课内活动以及研究结果，笔者分析了国外主要翻转课堂教学研究。

首先，对比国外研究了翻转课堂，主要分为以下四类：

第一类是翻转课堂与传统课堂的对比；

第二类是翻转课堂与传统课堂和其他类型课堂的对比，如 Davies 的翻转课堂、传统课堂及基于模拟的教学法对比研究、Hung 的结构化翻转课堂、半结构化翻转课堂及传统课堂对比研究、Missildine 的传统课堂（LO）、讲座及回看课堂（LLC）及翻转课堂（LCI）的对比研究；

第三类是两类翻转课堂的对比，如 Demetry 对比研究了两类翻转课堂，重新设计的翻转课堂提供了多媒体学习资源，团队合作技能；

第四类是不同学期翻转课堂的历时对比研究。

其次，对翻转课堂效果进行了研究，主要分为两类：第一类是以学生成绩的变化衡量翻转课堂效果。有不少研究者认为翻转课堂显著提高学生成绩，成绩提高的原因主要源自"做中学"的理念、课堂内的测验和作业以及学生预先学习、形成性评估和课堂互动活动。但也有学者对于学生成绩的提高提出了不同的见解，认为学生问题类试题得分较高，但是对概念的理解仍需加强，尽管翻转课堂学生成绩较高，满意度却较低，甚至效果不明显。也有学者指出，相较于成绩和有效的教学，翻转课堂学生的动机和社会性行为更能促进学生的学习。第二类是以学生满意度衡量翻转课堂效果。2014 年，翻转学习报告指出：2/3 的被访者赞成翻转学习的方法，其中 32% 的被访者非常赞成翻转课堂。国外许多学者也发现学生满意翻转课堂，其主要原因是学生能控制讲座进度，增强个性化学习体验，并且随时得到教师的帮助，尽管翻转课堂压力大，但在许多方面是有益的。然而以满意度衡量学习效果的方法也存在不同看法，因为学生满意度仅是一方面，更为重要的是学生的投入和表现。部分研究者还发现，与传统课堂相比，翻转课堂收效甚微或者基本无效，如 Papadopoulos 认为翻转课堂学生在概念理解上没有显著差异，Kellog 发现学生仅有微弱的进步。笔者细观这些研究，认为主要原因可能在于研究仅是翻转课堂实施计划中的一部分，学生尚未能有足够的时间适应。

再次，有关翻转课堂对学生学习动机的影响。国外学者认为翻转课堂能提高学生的学习动机原因在于学生对自己的学习负责，使用移动终端，学习环境更好，学习时间更灵活等。

最后，对于翻转课堂对学生其他方面的影响，国外学者认为翻转课堂培养了学生交流及合作能力、信息素养和批判思维能力，师生关系更为紧密；Fei 提升了学生的学习态度及参与度。

笔者认为，从目前国外的研究看，首先，多数翻转课堂教学效果积极有效，但也有部分效果不明显，因此，教学效果尚无最后定论。其次，翻转课堂存在学科适切性，尤其不适合介绍性课程，其原因在于，理科知识点明确，板块性强，更适合翻转教学，而文科类课程知识点松散宽泛，且更注重人文素养的培养，注重师生情感的交流和沟通，因此，"文科课程的翻转难度较之理科要更大一些"。而目前翻转课堂对培养学生高阶批判及创造性思维的作用尚不明确，困扰翻转课堂的瓶颈问题恰恰是深层次学习互动。再次，对翻转课堂评估体系关注不够，只有建立科学有效的评估体系，才能合理评价翻转课堂的效果。翻转课堂取得成功的核心是课前知识传授及课内知识的内化达到效果，学生有较强的课程参与度及批判性思维能力。

影响翻转课堂的重要因素包括网上学习资源、师生互动交流及翻转课堂主动学习活动、学生学习动机、合作学习环境以及有效的课程设计。值得注意的是，国外翻转课堂研究中已关注移动学习，主要指学习平台及慕课与翻转课堂的结合，并指出教师应创造性地思考教育技术与教学的融合，探讨翻转课堂对教学的影响，以期了解翻转课堂特点并取得更好的效果。

（二）国内翻转课堂研究

由于我国从2012年开始文献中才使用"翻转课堂"这一术语，以前称为"颠倒课堂"或"颠倒教室"，因此检索时，笔者将关键词"翻转课堂""颠倒课堂""颠倒教室""翻转教学"输入检索框，检索中国知网核心期刊库和硕博士论文库，并依据研究适用课程、研究设计、课前、课内活动以及研究结果，整理国内翻转课堂研究如下。

（1）国内翻转课堂的对比研究绝大多数仅是翻转课堂和传统课堂对比，如杨九民、邵明杰、黄磊（2013），雄真（2013），隆茜（2014），张继禄、陈珍国（2014），何文涛（2014），陈加敏、朱承慧（2014），孙丽梅（2014），徐苏燕（2014），黄毯（2014），朱凯歌（2014），郭晓燕（2016），等等。仅潘炳超（2014）实施了传统课堂、准翻转课堂与翻转课堂的对比研究。

（2）国内对翻转课堂效果的研究多从学生角度出发，尤其以学生成绩作为衡量翻转课堂效果的标准。国内此类研究结果多数为积极，如隆茜（2014）、陈加敏（2014）、孙丽梅（2014）、徐苏燕（2014）、黄毯（2014）、朱凯歌（2014）。但也有部分研究出现负面效果，如成绩无明显提高，知识和技能进步不明显（卢强，2014），概念原理教学效果不佳及存在内容适切性和对教师及学生要求高等问题（潘炳超，2014），整体分数下移，低分人数增加而高分人数降低的情况（郭晓燕，2016），甚至部分学生反映无法短期适应翻转课堂，愿意回到传统的教学方法（马秀麟，赵国庆，郭彤，2013），但均未对其中的原因做进一步深入剖析。

（3）国内对翻转课堂效果的研究方法缺乏多元化，仍以量化研究为主，质性研究乏人问津。在所有研究中，问卷调查11例，占78.6%；成绩分析12例，占86%；访谈仅4例，只占29%。此外，同质性研究多，研究结果基本雷同，即学生在学习成绩、自主学习能力、协作能力或创新能力得到了显著提高，尤其是学生学习成绩的提高。研究时间跨度短，缺乏可信度。

（4）第四，从总体上看，国内关于翻转课堂的研究中，介绍国外理论及实践经验的文献较多，涉及国内高校翻转课堂的研究仍偏少，尤其是国内大学英语翻转课堂研究更少（魏东新，2014）。

（5）综上所述，国内翻转课堂研究发端于近几年，研究方法缺乏多元化，同质性研究多，结论尚不足以令人信服，吸待更为深入的质性或混合研究。

（二）大学英语翻转课堂研究

笔者使用关键词"翻转教学""翻转课堂""大学外语"及"大学英语"搜索知网，搜索范围限制为核心期刊。笔者首先剔除了与本研究主题不相符论文，分别是2014年以大学英语教材为主题及2013年以课堂教师话语分析为主题的论文各一篇，然后仔细研究所得文献，发现这些论文主要探讨大学英语翻转课堂教师角色的转变和教学策略使用（程云艳，2014；魏东新，2014），学习者满意度调查及影响因子分析（王素敏，张立新，2014；翟雪松，林莉兰，2014），大学英语翻转课堂现状的反思（张杰，李科，杜晓，2015），形成性评估体系的应用（金丽琴，2014）。此外，大学英语翻转课堂教学模式的建构及应用论文较多，分别从移动学习平台（窦菊花，文珊，2015）、慕课（胡杰辉，伍忠杰，2014；宋军，程炼，2015）、分级教学（李艳平，2015）、泛在学习资源平台（邵华，喻惠群，2015）、电子学档（徐艳梅，李晓东，2014）、词汇教学（刘艳，2016）及微课（卢海燕，2014)的角度探讨翻转课堂的应用。

笔者认为，受国外可汗学院等翻转课堂成功案例的鼓舞，近两年，国内部分学校大胆探索大学英语翻转课堂，从慕课、微课、移动学习及电子档案等不同角度深入探讨了大学英语翻转课堂模式建构，不但提高了学生学习主动性和积极性，培养了自主学习能力，增强了师生关系，而且对提高学生的信息素养及促进语言能力的发展起到了一定的作用。

首先，大学英语翻转课堂的研究仍偏少，尤其缺乏实证研究数据支撑。多数大学英语翻转课堂研究关注理论探讨，即慕课、微课及翻转课堂的定义及特征、教师和学生角色的转变、翻转课堂的优势、具体操作策略以及可行性分析等，仅有五篇文献提供了实证数据，但其中两篇探讨了中国文化等大学英语后继拓展课程，从移动学习、慕课及分级教学的角度探讨大学英语翻转课堂仅有三篇。

其次，对于大学英语翻转课堂效果的研究尚有待商榷。李艳平（2015）仅介绍了分级班情况及翻转课堂实施过程，却并未提及实施效果。而徐艳梅、李晓东（2014）则以学生成绩作为翻转课堂教学效果衡量标准。窦菊花、文珊（2015）主要从学生学习成绩变化角度辅以学生问卷，以此了解学生对翻转课堂的认可度和实际应用感觉。胡杰辉、伍忠杰（2014）则主要从学生满意度问卷调查和学生定性访谈中了解学生对大学英语翻转课堂的评价。但这些从学生角度出发衡量翻转课堂教学效果的研究既不够全面，结论也值得商榷。

再次，尽管国内学者尝试从不同角度探讨大学英语翻转课堂，但无论移动平台还是慕课，均以资源的形式融入大学英语翻转课堂，仍处于开放资源的层面，信息技术并未与外语课程深度融合，尤其是网络社会媒体交互功能未充分利用。

最后，研究广度和深度有待加强，尤其缺乏深入的质性研究。有的大学英语翻转课堂研究并未交代研究方法，而有的实证研究仅依靠成绩前后测分析、问卷等量化研究得出结论，缺乏更为深入的质性研究，甚至有的研究缺乏实验结果。

第二节　英语翻转课堂的理论基础

一、翻转课堂的教育理论基础

（一）布卢姆的掌握学习理论

乔纳森·贝格曼和亚伦·萨姆斯在网站上声明，翻转课堂教学模式并非源自新的教育理论，其采用的仍然是我们所熟悉的掌握学习理论。

1.布卢姆的掌握学习理论的基本含义

布卢姆的掌握学习理论的基本含义是给予学生足够的学习时间和个别帮助以及注意教学的主要变量，学生就能够在掌握一个单元的学习之后顺利进入下一单元的学习，从而达到课程目标。正如布卢姆所说："只要提供适当的先前与现时的条件，几乎所有的人都能学会一个人在世界上所能学会的东西。"掌握学习，即在"所有学生都能学好"的思想指导下，以集体教学（班级授课制）为基础，辅之以经常、及时的反馈，为学生提供所需要的个别化帮助以及所需要的额外学习时间，从而使大多数学生达到课程目标所规定的掌握标准。

"提供了有利的学习条件时，大多数学生在学习能力、学习速度和进一步学习的动机方面变得非常相似。"布卢姆认为，大多数学生都能够进行掌握学习。"在一个掌握学习班上所发生的一切与传统模式有着本质的不同。80%~85%的学生在进行下一步学习之前，都已经达到了掌握的水平，这一比例也不会随着学习任务的增多而下降。"只要给予学生足够的学习时间，在其学习遇到困难时给予个别化的指导，那么几乎所有的学生都能够掌握要学习的内容，完成学习任务，达到学习目标。

掌握学习要求使学生能够按照自己的节奏学习课程。学生完成了一个单元的学习后，必须以80%~100%的掌握水平证明他们自己已经学会了内容。证明学生是否已经掌握了学习内容的方法是"退出评估"，包括实验室和书面测试。倘若学生在评估中得分低于85%，他们需要返回再次学习自己理解有偏差的学习内容，并重新进行测试。这样，学生的学习情况是由他们已经掌握的学习内容的多少来决定的。按照布卢姆的看法，在教学中注意影响学习的主要变量，就能够使绝大部分的学生掌握绝大多数的学习内容。

2. 掌握学习理论的核心思想和重要变量

掌握学习理论的核心思想是让每个学生都有足够多的学习时间。卡罗尔认为："一个学生的能力倾向是指其掌握一项学习任务所需要的时间量。"这句话可以概括为一个公式，即卡罗尔公式：能力倾向 =f（学习速度）。卡罗尔公式向我们展示了这样的理念：只要有足够多的时间，每个学生都能够掌握一项学习任务。根据卡罗尔公式，布卢姆建立了他的学习模型：学业达成度 =f（实际学习时间／需要学习时间）。布卢姆认为，实际影响学习的时间量有三个变量：机会，即允许学生学习的时间；毅力，即学生自觉自愿进行学习的时间；能力倾向，即在一般情况下，掌握某种学习任务需要花费的时间。布卢姆和卡罗尔都主张，如果有足够多的学习时间，那么绝大多数的学生都能够达到要求掌握的标准。学生自愿投入在学习上的时间受学习态度和学习兴趣的影响。教学的艺术在于让学生花费合适的时间就可以掌握学习内容。

布卢姆认为，在掌握学习过程中，应该注意把握三个重要变量，即学生的认知准备状态（学生为了完成新的学习任务需要具备的知识和技能的水平）、情感准备状态（学生趋向学习的动机强度）、教学质量（教学适合学生的程度）。具体内容如下：首先，学生的认知准备状态方面，需要关注学生进行学习之前已具备的知识和技能水平的差异。其次，在感情准备状态方面，学生之前的经历和学生对学习结果的期望都会影响学习任务的完成情况。学生对学习任务所持有的情感状态会决定学生为完成此项学习任务付出的努力多少以及克服困难、学习挫折的程度。学生完成某一学习任务的成败经验会在很大程度上影响学生之后完成类似学习任务的结果。因此，教师应该多给予学生积极的强化，比如多鼓励和表扬学生、给予学生更多展示自我的机会等。最后，教学质量涵盖教师如何提供学习线索或者指导、学生参与学习的程度、教师如何强化学生学习三个方面。

3. 掌握学习理论的教学要素和教学策略

教学包含线索、参与、强化、反馈及纠正四个基本要素。

第一，学习线索指的是，需要学生掌握什么和在学习过程中教师需要做哪些具体的指导。由于学生领悟学习线索的能力存在差异，因此教师应该针对不同的学生提供不同类型的线索呈现方式。

第二，学生结合教师提供的、针对学习线索的学习提示和学习内容，做出相应的反应或者训练。即是说，学生需要积极参与到学习活动中来。

第三，强化的类型很多，如物质奖励或者精神鼓励等。实施强化的主体可以是教师，也可以是同伴，还可以是学生自己。强化的效果也存在着差异。因此，教师在教学过程中可以视具体情况而采取不同的强化方式以达到较高的效果。

第四，教师能够适时根据学生的学习情况给予恰当的指导——提供给学生适合的学习线索，给予适当的练习机会，及时做出强化和反馈。这样，学生能够明了自己的学习任务，得到高效的训练强化，知晓自己学习的结果，整个学习过程始终处于一种可监控和调节的张弛有度的状态。

掌握学习理论的教学策略分为几个步骤：说明学习需要的先决条件；制定实施的程序；评价这种策略所产生的结果。教师需要向学生清楚、详细地说明学习目标以及如何确定已经达到掌握标准。布卢姆认为，制定一个绝对的掌握标准，促使大多数学生经过努力之后都能够达到它，而不是制定相对标准来评价学生的学习情况，这样可以促使学生的自我发展和进步。

4.翻转课堂视域下掌握英语学习理论的教育意义

首先，布卢姆的掌握学习理论有助于全体学生实现学习目标。掌握学习理论强调面向全体学生，不希望任何一个学生在学习过程中没有完成应完成的学习任务，突出了满足每个学生的学习需要。

其次，掌握英语学习理论关注学生的个别差异。在制定英语学习目标时，教师充分考虑学生原本存在的个别差异。教师应为不同的学生选择不同的英语学习材料，采用不同的教学方法，给予个别化的指导和帮助。

再次，掌握学习理论对学生的心理健康也有促进作用。在掌握学习过程中，英语教师对每个学生都持有积极的态度，相信每个学生都能够学好。教师对学生的学习能力充满信心，学生也因为教师的期望而获得自信，慢慢激发起学习的内部动机，学习逐渐获得成功。在整个学习过程中，学生对学习内容产生兴趣，享受到学习的快乐，获得学习的成就感和幸福感，学生的自我观念也获得更深层次发展。

最后，掌握学习理论也主张学生之间的相互合作学习以及师生的交流。在掌握学习中，教师与学生之间的交流与讨论增多，师生情感更深；学生之间互帮互助，培养了合作精神，调节了生生关系。

（二）建构主义学习理论

从整体上来看，建构主义学习理论树立了以学生为中心的教学理念。

1.建构主义知识观

建构主义知识观认为，知识不是对现实的纯粹、客观的反映，而是人们对客观现实的一种解释、推测或者假设。知识不是关于问题的最终结论，它会随着人们认识的深入而出现新的解释或者假设。知识是基于某一具体情境而产生的，真正的知识是学习者根据自身的生活经验和实践经历主动在头脑中积极建构的。知识所含有的意义是由个体赋予的。"知识在被个体接受之前，它对个体来说是毫无权威可言的，不能把知识作为预先决定了的东西教给学生，不能用科学家、教师、课本的权威来压服学生，学生对知识的'接受'只能依靠他自己的建构来完成。"因此，知识具有针对性、情境性、个体性、相对性、动态性、发展性等特点。

2.建构主义学生观

建构主义学生观如下：第一，学生是发展中的人，学生具有很大的发展可能性和潜能。第二，学生是独特的人，拥有自己的独特想法。第三，学生是独立的人，每个学生独立于教师的头脑之外，学习是学生自己的事情；学生是具有主体性的人，具有较强的自学能力。第四，学生是时代中的人，当前学生所处的时代是知识经济和信息化时代，教育理应考虑学生的时代特征和发展新要求。"学习者不是被动地接受信息，而是主动地运用已有知识、经验对新知识、新信息的意义进行建构，这意味着学习是主动的，学习者要主动地对外部信息进行选择和加工，教学应以学习者为中心。"

3. 建构主义学习观

建构主义学习观认为，学习不是由教师把知识简单地传授给学生，而是由学生自己建构知识的过程。学生不是简单、被动地接受信息，而是在教师的指导和帮助下自己主动地建构知识的意义。这种建构是无法由他人来代替的，需要学生亲自完成。学习过程包含两个方面的建构：建构知识的意义和改组原有的经验。皮亚杰认为，儿童的发展是儿童主动建构知识意义的过程。建构主义者更加关心学习者原有的认知结构，认为学习是学习者在自己原有的知识、经验的基础上，对新接触的材料重新认识，整合知识结构，主动建构自己独特的理解。知识实际上不是由他人"教会"而习得的，本质上是学习者本身在头脑中主动地形成自己对于知识的领会，建构属于自己的理解。

4. 建构主义教学观

在教学观上，建构主义者特别强调学习的主动性、社会性和情境性。同时，十分重视合作学习（Cooperative Learning）。建构主义强调的合作学习与维果斯基强调的社会交往在儿童发展中具有重要作用的思想具有一致性。教学要关注学生原有的知识、经验，教学要重视学生对知识内容的个性化理解和独特思考。教学以学习者为中心，强调学习者的主体作用。建构主义者认为，教师是意义建构的帮助者和促进者，而不是知识的提供者和灌输者；学生是学习信息加工的主体，是意义建构的主动者。

5. 建构主义教学模式

建构主义学习理论提倡的学习是在教师指导下的、以学生为中心的学习。建构主义教学模式可以概括为"以学生为中心，在整个教学过程中由教师起组织者、指导者、帮助者和促进者的作用，利用问题情境、协作、会话等学习环境要素充分发挥学生的主动性、积极性和首创精神，最终达到使学生有效地实现对当前所学知识的意义建构的目的。"建构主义学习环境包含情境、协作、会话和意义建构等四大要素。创设的情境必须有利于学习者对所学知识意义的建构。协作贯穿于学习活动的始终，包括师生之间、生生之间的相互合作和协助。对话是学习过程中的基本方式，师生或者生生之间的协作需要通过交流讨论相互沟通思想。意义建构是学习要达到的最终目标。教师要为学生提供解决问题的原型，以促进学生顺利地解决问题；同时还应指导学生进行试探性的探索。教师要提供意义建构所需要的相关材料，同时要给予学生自主建构的充分空间。在教学设计中，建构主义者主张向学生呈现整体性的学习任务，然而整体性学习任务的完成需要完成一系列的子任务。"支架式教学"是一种建构主义教学模式，它是以维果斯基的最近发展区理论为基础的。

6. 翻转课堂视域下的建构主义学习理论的教育意义

首先，在教育理念上具有一致性：强调学生的主动性和建构性。建构主义者在吸收维果斯基、认知信息加工学说、皮亚杰、布鲁纳等的思想基础上提出了许多富有创见的教学思想，如强调学习过程中学习者的主动性和建构性。

其次，强调小组合作学习和情境化学习的重要性。建构主义对于学习做了初级学习与高级学习的区分，批评传统教学中把初级学习的教学策略不合理地推及到高级学习中；提出合作学习、情境教学等，对深化当前的教育教学改革具有深远的意义。

最后，重视技术在教学中的实际应用。多媒体计算机和网络通信技术可以作为建构主义学习环境下的理想认知工具，这样能有效地促进学生的认知发展，所以随着多媒体计算机和 Internet 网络教育应用的飞速发展，建构主义学习理论正愈来愈显示出其强大的生命力，并在世界范围内日益扩大其影响。

（三）斯金纳的程序教学法

美国著名教育心理学家伯尔赫斯·弗雷德里克·斯金纳根据操作性条件反射和积极强化的理论，对教学进行了改革，设计了教学机器和程序教学法。斯金纳认为，学习过程是一种循序渐进的过程。在学生学习过程中，适时恰当地给予学生强化，会促进学生学习。

1. 程序教学法的基本含义

程序教学法是指依靠教学机器和程序教材呈现学习程序，包括问题的显示、学生的反应和将反应的正误情况反馈给学生等过程，使学生进行个别学习的方法。其基本思想是把学生掌握知识、技能的过程程序化，使学生按程序进行独立的、个性化的学习。在整个学习过程中，教师的作用是处于监督者或者中间人的角色，根据学生学习反应的速度、效率、效果等给予相应的反应。即时强化学生的积极学习行为，使得学生的学习效果能够得到及时的反馈，这样能够加强学生的学习动力。

2. 程序教学法的五大原则

斯金纳的程序教学法包含五个原则：小步子原则、积极反应原则、即时强化原则、自定步调原则、低错误率原则。

（1）小步子原则，即循序渐进原则

将学习内容分割成许多小的学习单位，这些学习单位是相互联系、难度逐级增加的学习内容。学生面对的是一个个难度较小的学习任务，而不是一个很大又很难理解的知识网络。每一个学习单位对于学生来说，通过努力都能够逐步掌握。这样，学生的学习积极性会得到提高。

（2）积极反应原则

教师即时给予学生相应的学习反馈和指导，学生拥有更多的回答问题、交流互动的机会。不再像传统教学模式下那样教师单纯地讲授、学生只是听讲做笔记、师生之间缺乏必要的交流与反馈。

（3）即时强化原则

"斯金纳把他创立的操作性条件反射理论和强化理论应用于学习，强调了强化的作用，在斯金纳看来，学生的行为受行为结果的影响，如果想让学生做出预期的行为反应，那就必须在行为之后进行强化，若是一种行为得不到强化，它就会消失。"教师的奖励和肯定会在一定程度上促进学生的学习积极性。强化与学习行为之间的间隔时间不宜过长，否则强化效果将会大大降低。

（4）自定步调原则

学生根据自己的实际情况量体裁衣、循序渐进，按照自己的学习效率和能力水平来合理安排自己的学习进度。

（5）低错误率原则

在教学中应由浅入深，由已知到未知，使学生尽可能做出正确反应，将学习的错误率降到最低限度，提高学习效率。

学生自己制订学习计划，在学习每1个小的学习单位时，都能够基本掌握学习内容。因此，学生学会了正确的东西，得到了来自教师的积极强化，从而保持较高的学习兴趣和较强的学习积极性。久而久之，学生会激发出学习的内在动力和潜能，更热爱学习。

程序教学法给予翻转课堂的启示意义程序教学法思想体现了如何调动学生学习的积极性和主动性并保持学生学习的兴趣，使学生自主学习。这对于英语翻转课堂的实施和操作，给予了一定的启示意义。

二、翻转课堂的心理学理论基础

（一）维果斯基的最近发展区理论

除了掌握学习理论和建构主义学习理论外，最近发展区理论也是翻转课堂的重要理论基础。学生在家自主观看视频进行学习，并不是所有内容都能看懂，看不懂的记下来，教师在课堂上可以进行集中讲解，这种讲解在学生的最近发展区，能够有效地促进学生向着潜在的发展水平发展，从而减少课堂上的浪费。

1.最近发展区和最近发展区理论

维果斯基的最近发展区理论认为，学生的发展有两种水平：一种是学生现在已有的发展水平，另一种是学生可能达到的发展水平。这两种水平之间的差距就是最近发展区。按照维果斯基的解释，最近发展区是指"学生的实际发展水平与潜在发展水平之间的差距。前者由学生独立解决问题的能力而定，后者则是指在教师或家长的指导下或是与能力较强的同伴合作时，学生表现出来的解决问题的能力"。最近发展区阐明了学生在近期内将有可能达到的发展水平，包含着学生的发展潜能，表明了学生发展的方向和趋势。

维果斯基认为，教学应该着眼于学生的最近发展区，这样可以发挥教学的积极性作用。教师应该为学生提供带有一定难度的学习内容，以调动学生的学习积极性，发掘其内在潜能，促使其超越自己的最近发展区而达到其有困难发展到的水平，然后在此基础上进行下一个发展区的发展。

2.最近发展区理论的三层基本含义

（1）最近发展区理论的第一层基本含义是，教学对发展起着积极促进的作用。维果斯基认为，良好的教学应该走在学生发展的前面。维果斯基的最近发展区理论能够指导学生向更高一级的水平发展，有效促进学生的发展，让学生能够"跳一跳，摘桃子"。教学的目的是促使学生的最近发展区转化为学生的现有发展区，由"不能"变为"能"，由"可能"变为"现实"，即立足于学生现有发展水平并突破其限制，循序渐进地推动学生向更高层次发展，追求学生自身发展的最大可能性。

（2）最近发展区理论的第二层基本含义是，学生是自身发展的主体，学生需要在社会交往中才能获得发展。学生是一个独立的社会存在，对自身发展起着主要作用，拥有自我发展的主动权，学生应勇于承担自己的发展责任。同时，在社会交往互动中，学生拥有与成人同样的平等地位，能够独立自主地表达自己的思想和情感。我们应该给予学生表达自我、展示自我的机会。积极主动追求发展加上提供给其平等对话的社会环境，二者形成合力，促进学生发展，即"主动的学生与积极的社会环境合作产生发展"。

（3）最近发展区理论的第三层基本含义是，揭示了教学促进学生发展的条件、途径与机制。首先，教学促进学生发展的条件是，教学必须走在学生发展的前面。教师要为学生提供较高层次的、较高难度的学习内容和学习指导。其次，要想教学促进学生发展这一目的得到真正的实现，需要的途径和机制是，教师通过在合作式的解决问题过程中帮助学生搭建最近发展区，为学生提供恰当的支持以帮助学生成功跨越最近发展区，实现其潜在的发展能力转变为现实的真实具备的能力。简而言之，比如在英语教学中，教师应帮助学生不断地造就和超越最近发展区。因此，学生能否跨越最近发展区，往往取决于教师的帮助和支持，以及教师和学生之间的交流互动的质量高低。

3.最近发展区理论在教学中的应用

维果斯基的社会文化理论提出一个重要的概念——"搭建脚手架"。"搭建脚手架"，即围绕当前的学习主题，按照儿童"最近发展区"的要求，把复杂的学习任务加以分解，建立概念框架。教师一方面要为学生提供促进其发展的、富有挑战性的学习任务（问题情境），推进学生向更高的智力水平和提出问题的水平发展；另一方面还要在恰当的时机以适宜的方式和方法为学生提供解决这些学习任务的帮助和平台，促使学生发现自身存在的不足，激发出学生解决问题的能力。

（1）建立新型的因材施教观

原有的因材施教观是根据学生现有的发展水平和实际情况，给予学生相应的差异化教育。维果斯基的最近发展区理论要求我们不仅仅局限于关注学生现有的发展水平，还应该为学生提供一个经过努力仍可达到的发展水平，推动学生向前发展，超越目前自身已有的发展水平。即是说，新型的因材施教观既要立足于学生现有发展水平的基础之上，又要为学生创设经过努力可以达到的发展水平；不再囿于学生已有的发展水平，而是追求学生发展的各种可能性。因此，在实际教学活动中，教育者不仅应该明了学生现有的发展水平，而且需要掌握学生的潜在发展水平，并且能够根据学生现有的发展水平与可能达到的潜在发展水平，寻找其最近发展区，把握"教学最佳期"，以引导学生向着潜在的、最高的水平发展，引导学生全面而又超越发展。

（2）鼓励学生在问题解决情境中学习

在维果斯基看来，在真实的问题解决情境中进行学习能更有效地掌握知识和技能；教学应该为学习者提供问题情境，给予学生更多的思考问题、解决问题的机会。学生在解决问题的过程中成为学习的真正主人，激发好奇心，调动积极性，学会思考，学会探索，学会自我学习，学会通过问题解决来建构知识。美国知名教育心理学家加涅在学习分类中认为，问题解决是最高级的学习活动。

（3）重视交往在教学中的作用

维果斯基的社会文化历史理论提出，儿童在与社会环境（包括成人和同伴）的相互交往中获得社会生存所需要的高级心理智能。建构主义教学流派认为，教学的过程实际上是一种交往的过程。正如尼采所说："一个人总会犯错误的，两个人就开始认识真知了。"交往的双方通过信息的交换和意见的沟通，能够彼此获得提升。德国著名哲学家雅斯贝尔斯认为，在对话中形成真正的交往，同时交往需要双方彼此的理解。在教学中，师生之间、生生之间通过相互交往、互动、交流、沟通，共同完成学习目标。师生之间、生生之间的思想摩擦、碰撞，有助于师生的共同提高与成长。只有在交往中，学生才能感受到自己存在的现实性和知识的真实性。总之，教育的目的必须要通过师生、生生之间的交往实践得以实现。与行为主义者不同的是，维果斯基认为，教学不是单纯的外在知识灌输与被动接受，而是儿童积极主动转化吸收知识的过程。因此，教学需要重视儿童的主动性和发展的独特性，关注儿童发展的心理需求，注意儿童心理发展所需要的中介。学生在交往过程中，能够发现自我，增强主体性，学会与他人交流沟通，学会与他人共处共事，有利于其健康完整的人格的塑造。当前我国开展的素质教育改革非常重视交往在教学中的重要作用。

4.最近发展区理论在翻转课堂中的重要体现

翻转课堂实施的目的在于促使学生个性化学习的真正实现，发掘学生的潜能和创新能力。翻转课堂专注于学生的个性化发展，注重基于最近发展区理论的新型因材施教观。最近发展区理论着眼于发现学生的最近发展区，帮助学生跨越最近发展区向具有可能性的更高水平发展。除此之外，与传统课堂相比，翻转课堂更加关注每个学生的现有发展水平，制订符合每个学生自身实际情况的学习方案。翻转课堂注重学生的问题意识的培养，让学生学会自主学习，学会发现问题，善于提出问题，体验"发现问题—分析问题—解决问题"的思维过程，锻炼逻辑思维，提升思维品质。翻转课堂也非常关注学生的社会交往能力和自我表达能力的提升。可以说，最近发展区理论强调的教育思想和理念在翻转课堂中得到了充分的体现。

（二）皮亚杰的相互作用理论

皮亚杰的相互作用理论认为，先天的平衡过程是发展的最高原则。平衡过程保证了在"同化"和"顺应"之间保持着相对平衡的状态，使发展具有连续性，使成熟因素和经验及社会影响有机地结合在一起，使个体以确定的步伐和顺序向着更高水平的平衡状态发展。

同化原本是一个生物学概念，指生物体把从外界环境中获取的营养物质转变成自身的组成物质，并且储存能量的变化过程。皮亚杰把这一名词借鉴到心理学中，用于描述"把外界元素整合到一个正在形成或已经形成的结构中"（皮亚杰，B. 英海尔德，1980）。顺应是指"同化性的图式或结构受到它所同化的元素的影响而发生的改变"，也就是改变主体动作以适应客观变化，也可以说改变认知结构以处理新的信息。顺应是与同化伴随而行的。当个体不能用原有图式来同化新的刺激时，个体便要对原有图式加以修改或重建，以适应环境，这就是顺应的过程。

在本质上，"同化"指个体对环境的作用，"顺应"指环境对个体的作用。"同化"是认知结构数量的扩充（图式扩充），而"顺应"则是认知结构性质的改变（图式改变）。认知个体（儿童）就是通过"同化"与"顺应"这两种形式来达到与周围环境的平衡的：当儿童能用现有图式去"同化"新信息时，他是处于一种平衡的认知状态；而当现有图式不能"同化"新信息时，平衡即被破坏，而修改或创造新图式（即"顺应"）的过程就是寻找新的平衡的过程。儿童的认知结构就是通过"同化"与"顺应"过程逐步建构起来的，这是皮亚杰建构主义认识论的基本观点。

翻转课堂试图以皮亚杰的相互作用理论为根基，以学生已有的知识水平（即已有的认知结构）为教学前提，通过向学生提供合适的新的学习材料（例如导学案和微课），使学生体验到一种平衡或者不平衡的学习状态；学生为了学习新知识，需要改变自己已有的认知结构（即需要"同化"和"顺应"），尽力达到学习目标（即获得认知结构上的平衡）。

（三）奥苏贝尔的认知同化学习理论

奥苏贝尔创设了"有意义学习理论"，这一学习迁移理论是建立在他的认知同化学习理论基础之上的。"同化"指新旧知识的相互作用。"同化"最初由皮亚杰提出，奥苏贝尔赋予"同化"概念新的内涵，认为学生能否获得新知识，主要取决于学生个体的认知结构中是否已有了有关的概念。奥苏贝尔强调影响学生学习的首要因素是已有的知识。他的《教育心理学：一种认知观》一书中有这样一句代表他的核心思想的话："如果要我只用一句话说明教育心理学的要义，我认为影响学生学习的首要因素，是他的先备知识；研究并了解学生学习新知识之前具有的先备知识，进而配合设计教学，以产生有效的学习，就是教育心理学的任务。"

奥苏贝尔认为，认知结构中对新知识的获得和保持的影响因素主要有三个：认知结构中对新知识起固定作用的旧知识的可利用性；新知识与旧知识之间的可辨别性；认知结构中旧知识的稳定性和清晰性。认知结构中的这三个因素称为认知结构的三个变量。这三个变量影响着新知识的获得和保持，同时也影响着知识学习的迁移。奥苏贝尔认为："有意义学习的心理机制是同化，而同化理论的核心是：学生能否习得新信息，主要取决于他们认知结构中已有的有关概念；有意义学习是通过新信息与学生认知结构中已有的有关概念的相互作用才得以发生的。这种相互作用的结果，导致了新旧知识意义的同化。"总之，我们可以看出奥苏贝尔非常重视学生已有的认知结构。

为了促进学生更好地进行有效的学习迁移，根据认知同化学习理论，奥苏贝尔提出了"先行组织者"（先行材料）这一概念。"先行组织者"就是在向学生传授新知识之前，给学生呈现一个短暂的、具有概括性和引导性的说明。

根据奥苏贝尔的学习迁移理论，在翻转课堂实施中，我们试图把握学生已有的知识结构，为学生提供具有引导性的导学案和教学视频，以促进学生搭建起新知识与旧知识之间的内在联系，重新建构新一级的知识结构。为学生提供的具有引导性的导学案和教学视频，在一定程度上起到"先行组织者"的作用，促进学生理解已有知识和新知识存在的内在关联，从而进行有意义学习和高效学习。

第三节　英语翻转课堂体现的现代教育理念

翻转课堂的核心是教学模式的创新，其实质是教育理念的变革。传统英语教育理念强调知识传递、以教定学的知识传授模式，而英语翻转课堂是信息化环境下的强调以问题为中心、以学为主的整合探究模式。

英语翻转课堂体现的现代教育理念有：注重学生主体性的学生观，学生自主学习、合作学习、探究学习的学习观，新型因材施教、分层教学的教学观，"独立性与依赖性相统一"的心理发展观。

一、翻转课堂的典型范式

仔细梳理一下当今世界上的英语翻转课堂模式，我们可以大致归纳出以下五种典型范示。

（一）林地公园高中模型

林地公园高中的乔纳森·伯格曼和亚伦·萨姆斯成为K12学校勇敢的先行者，他们率先实践并创立了经典的翻转课堂教学模式：把观看在线教学讲座视频作为家庭作业，把本该是家庭作业的练习题放到课堂上完成。当发现部分学生没有电脑或无法上网时，他们为这部分学生准备了DVD光盘，让学生回家在电视机上观看。而课堂上除了练习外，还加入了探究活动和实验任务。

（二）可汗学院模型

可汗学院与美国加州洛斯拉图斯学区合作，利用其广受欢迎的教学视频和随后开发的课堂练习系统进行翻转课堂实体实践。其最大的亮点是，可汗学院所开发的课堂练习系统能快速捕捉到学生被问题卡住的细节，使教师能及时施以援手；同时还引入了游戏化学习机制，对学业好的学生给予徽章奖励。

（三）河畔联合学区模型

美国加州河畔联合学区的翻转课堂最大的特点是采用了数字化互动教材。这套用于实验的代数互动教材，里面融合了丰富的多媒体材料，包括文本、图片、

3D 动画和视频等，还结合了笔记、交流与分享功能。与其他地区教师通过自备视频和教学材料实施翻转课堂相比，互动教材更节省教师的时间，更能吸引学生沉浸其中。类似的情况还有 KIPP 学校。

（四）哈佛大学模型

埃里克·马祖尔博士提出并实践了翻转学习和同伴教学法结合的模式。其要点是，课前学生看视频、听播客、阅读文章，调动自己原有的知识积累来思考问题、做课前准备；然后学生要反映出知识学习过程中遇到的问题，提出不懂的地方；接下来，学生登录到社交网站发布他们的提问，而教师则要对各种问题进行组织整理，有针对性地开发教学设计和课堂学习材料，不再准备学生已经明白的内容。在课堂上，教师采用苏格拉底式教学法教学，学生提出疑问和难点，并相互协作共同回答同伴的质疑或帮助同伴解决难题，教师的作用是聆听对话并为有需要的个人和小组提供帮助。

（五）斯坦福大学模型

斯坦福大学的相关研究人员通过进行翻转课堂实验发现，仅仅把讲座视频搬到网上就跟传统课堂一样乏味。因此，他们设计了在线讲座系统平均每隔15分钟弹出一个小测验的功能，以及时检测学生掌握知识的情况。此外，还在实验中增加了社交媒体的元素，允许学生互相提问。结果显示，在实验中，学生们互相问答的速度非常快。这种"共同学习"的模式非常有效。

二、英语翻转课堂体现的现代教育理念

根据上述在当今社会中翻转课堂的典型模式，可以看出以下几点。

（一）注重学生主体性的学生观

苏联教育家苏霍姆林斯基曾说过："真正的教育是自我教育。"只有个体进行自我教育，真正意义上的教育才能实现。只有个体学会了自我教育，方能体会到自我价值的实现。

学生是自己学习的主人。学生有一定的自我学习能力。学生具有自主学习的可能性和能动性。在英语翻转课堂教学模式下，学生真正实现了自我掌握英语学习进度，最大限度地发挥出自己的积极性。不论是学生的自学，还是小组合作学习，每个环节中都充分体现了学生的能动性和主体性。

（二）学生自主学习、合作学习、探究学习的学习观

现代英语学习观更加注重发展学生的自主学习能力、合作学习能力和探究学习能力。现代英语学习观认为，学生自身具有自主学习、与他人合作学习、以问题为中心的探究学习的能动性和主体性。

在英语翻转课堂教学模式下，学生很好地实现了自主学习、合作学习、探究学习。例如，在某英语翻转课堂教学模式下，"自学质疑"阶段的"教材自学""微课助学"环节充分展示了学生所具有的较高的自主学习能力；"自学质疑"阶段的"合作互学"环节和"训练展示"阶段的"合作提升"环节，展示了学生通过小组交流讨论进行合作学习；在整个翻转课堂教学模式下，两个学习阶段充分展示了学生借助问题进行探究学习。

（三）新型因材施教、分层教学的教学观

新型因材施教、分层教学的教学观以维果斯基的最近发展区理论为基础，它立足于学生的现有发展水平，着重关注学生可能达到的发展水平。新型因材施教、分层教学的教学观意在促进学生向可能达到的水平发展，发掘出学生发展的潜能。

学生存在着个体差异，拥有不同的发展水平、不同的认知风格、不同的思维方式等。这就需要我们在教学过程中关注学生的个体差异，进行分层教学。

英语翻转课堂教学模式充分体现了新型因材施教、分层教学的教学观。例如，某高校的英语翻转课堂教学模式下，不论是微课的制作、两种学案的设计，还是"合作互学"和"合作提升"等教学环节，都考虑到了学生的差异性和独特性，有利于学生在现有基础上获得更高层次的发展，有利于探寻学生发展的各种可能性。

（四）"独立性与依赖性相统一"的心理发展观

由于自身具有的生理和心理特点，学生既具有一定程度的独立性，又具有相对的依赖性。学生的独立性要求在英语教学中以学生为主体，学生的依赖性要求在教学中以教师为主导。

英语翻转课堂教学模式综合考虑了学生的独立性和依赖性，体现了"独立性与依赖性相统一"的心理发展观。在英语教师的启发指导下，学生自主地学习英语知识。这样，既充分发挥了教师的主导作用，又体现了学生的主体性。

第四节 英语翻转课堂与现代教育生态的改变

教育变革是一项系统工程，仅仅在某一局部做些变动，其意义将是非常有限的。翻转课堂作为一种新的教育模式，它必然要求包括教学管理在内的教学流程做出相应的变革；它也对教师包括专业素质在内的专业能力提出了新的要求。新的模式呼唤新的生态。

一、翻转课堂教学与学校教学制度的变革

有很多教师常常会问，在大规模学习的情况下，学生之间的差异性能得到真正的保障吗？学生课后既要完成回家作业，又要学习微视频，这能真正减轻学生的课业负担吗？诸如此类的问题，是学校在推行翻转课堂时，不得不考虑也不得不认真研究的问题。

实践表明，如果翻转课堂仅仅是加上微视频学习这一环节，而没有在学校教学与管理的整体上加以改革的话，上述问题是有可能存在的。然而，如果学校在顶层上对教学与管理流程重新加以设计，那就有可能取得良好的教育效果。

（一）基于数据分析的即时走班

1. 走班制概述

所谓"走班制"是指学科教师和教室固定，学生根据自己的学力和兴趣愿望，在教师指导下选择适合自身发展的层次班级而上课的一种教学制度。不同层次的班级，其教学内容和程度要求不同，作业和考试的难度也不同。

"走班制"是"选课制"的产物。班级授课制的诞生，大大地提高了教育效率，但是过于统一的教学要求，又在很大程度上限制了学生的个性发展，无法顾及学生的个体差异。

1810年，在德国创办的柏林—洪堡大学，针对当时的教育形势提出了"学术自由"的办学原则。"学术自由"事实上又包含着"教学自由"，即教师有"教"的自由与学生有"学"的自由。"选课制"就是在这一基础上诞生的。"选课制"满足了学生的兴趣爱好，给了学生以充分的学习自主选择权，体现了学生的主体地位，赢得了学生的普遍欢迎。"学分制"与"走班制"最初是为配合"选课制"而创设的教学管理制度。以后，它又慢慢地分化出"必修学分"与"选修学分""必修课走班"与"选修课走班"等多样化的形式。

"学分"是用来计算学生学习分量的一种单位。一个学分约等于一个学生在课堂或实验室从事一学时学术工作，并且连续一个学期的量。用学分来衡量学生学习的量便是学分制。"走班制"则是在固定班级无法满足学生选课的需要而采取的班级管理制度。它通常采用在固定的时间、固定的教室由教师讲授课程，而学生从四面八方赶来听课学习的班级管理制度。

选课制加上学分制与走班制，形成了一套相对完整的教学管理制度，有效地提升了教学质量，受到了世界各国教育界的欢迎。在这套制度逐步完善的过程中，它也渐渐地从高等学校向高中阶段学校延伸。自 20 世纪 90 年代走班制在我国高中出现以来，参与走班教学实验的队伍不断扩大。北京十一学校打破传统分班制，实行分班走课。在该校，教室门口标牌上不再是"几年级几班"，而是学科名与教师名字。学校尊重学生课程的选择权，变一班一张课程表为学生每人一张课程表。

2.走班制的优势与问题

走班制下，上课的教师和教室固定，学生根据自己的知识经验和兴趣爱好选择适合自身发展的班级层次，不同班级层次学生的学习内容、作业、考试难易程度、学分分值都不相同。在走班制下，班级分为行政班和教学班。行政班负责管理，也就是传统的几年级几班模式；教学班专门负责教学，也就是语文班或者数学班等。同传统的班级授课制相比，走班制有如下优点。

第一，彰显学生主体地位，有利于学生个性的发展。在走班制模式下，学生可以根据自身的兴趣爱好和知识经验选择适合自己的课程，这让学生获得了真正意义上的课程选择权，每位学生都有属于自己的课程表，极大地尊重了学生的主体地位和个别差异，为学生的个性发展创造了有利条件。

第二，充分调动了学生学习的主动性，有利于增强学生的自信心。走班制让学生可以根据自身实际情况选择学习课程的方式，赋予了学生充分的主动性，有利于激发学生的求知欲，让学生体会到学习的快乐，从而增强学生学习的自信心和成就感。

第三,扩大学生的交往范围，有利于增强学生的人际交往能力。走班制以"灵活、流动"为核心特征，学生的学习和交往活动突破了固定班级编制和固定教室空间的禁锢。学生能够进入不同的班级学习，可以接触到比传统教学模式更多的老师和同学，拓宽了交流平台，增加了师生、生生交流的机会，不仅有利于学生人际交往能力的发展，而且有利于增强学生的合作意识。

第四，有利于学生自我意识的发展。走班制可以让学生根据自身的兴趣和爱好选择课程、教师甚至班级，增强了学生自我管理和自我规划的能力，让学生能够更好地认识自己。

3. 基于数据分析的即时走班

社会的进步通常都是与新技术的出现相联系的。如前所述，没有印刷术的发明，就很难有班级授课制的诞生。同样，如果没有现代数字化技术与大数据挖掘技术的支持，以慕课为代表，高效率与个性化高度统一的开放教育也是很难实现的。个性化教学建立在对学生个性充分把握的基础之上，同样，差异化教学也需要对学生的差异有足够的理解。这既包括对学生之间有什么差异的把握，又包括对学生差异程度有多大的精细的分析。北京大学教育学院尚俊杰教授指出："大数据提出以后，自然也受到了教育研究者的关注。比如，目前以关注学习过程为核心的学习分析（Leaning Analytics）已经成为一个研究热点，尤其在教育大数据的背景下，如何综合应用教育数据挖掘、人工智能、自然语言处理技术，对学习过程中产生的多个层次的数据进行分析，并提出针对性的学习建议策略，成了国际学术界非常关注的问题。"

从学习规律而言，无论是西方的研究，还是中国传统的经验，都说明了一个道理，即学生已知的内容决定了其可能学会的内容。奥苏贝尔曾说："如果我不得不把教育心理学的所有内容简约成一条原理的话，我会说：影响学习的最重要因素是学生已知的内容。弄清了这点后，再进行相应的教学。"这一条原理被称为是奥苏贝尔整个理论体系的核心，他所论述的一切，都是围绕这一原理展开的。我国古代教育家孔子也曾有"温故而知新"，"以其所知，喻其不知，使其知之"的话语，讲的也是同样的道理。

因而对学生现有学习情况的了解和把握，成了教师教学中的一个重要问题。传统的教学环境中，有经验的教师凭借其多年的教学经验，可以对班内相当一部分学生的学习情况做出较为准确的判断。即使在这样的情况下，教师也很难对班上每一位学生的学习情况做出逐一判断，何况做出的判断只能说较为准确，也不一定十分准确。对于新教师，这个问题更加突出了。新教师虽然有较为丰富和前沿的学科知识，但是对其所教对象的学习情况，包括学习基础、学习特点以及学习需要等，很难做出准确的判断，因而也很难进行有针对性的高效教学。

当前的信息技术可以帮助教师准确捕捉、分析与呈现学生网上学习的详细情况，学生学习了什么内容，学到了什么程度，学习某一内容时花费了多长时间，以及完整的学习进程是什么样的，等等。这些宝贵的数据信息对于分析和诊断每位学生学习的情况，是有力的帮助，也给教师进一步为其提供有针对性的指导，提供很好的参照。因而，郑州二中的王瑞校长曾提出：传统教育环境下，教师更像中医，教学中需凭借宝贵的经验积累，才能对学生学习情况做出大体准确的判断；而在信息技术环境下，教师可以做到像西医一样，凭借各种分析诊断报告，就能准确地对学生的学习情况做出分析，并提供有针对性的帮助和指导。因而在信息技术的帮助下，对学生学习的诊断和分析，是用数据说话，而不仅仅是凭借教师的教学经验。当然，这里比喻的不当之处是，无论学生在何种情况下都不是病人，而是健康的人，老师要做的是为其身心进一步健康地发展提供帮助和指导。

现代"学习分析"技术可以清楚地告诉教师某一群体学生学习的状况。比如，一段微视频学习以后，在后续的进阶作业中，有多少学生答对了，有多少学生没做出，有关信息会及时地反馈到教师那里，并可以用直方图等多种形式清楚地提醒教师。

当然，现代"学习分析"技术还可以对学生个体学习情况给予及时的反馈，以便学生有针对性地改进自己学习中的问题。

云计算环境下，由教学专业人员和信息技术专业人员共同设计开发的教学分析和评价系统，可以捕捉和记录学生线上学习的每点信息，并对学生的学习情况，如学习的深刻度、学习的熟练度以及由学习速度折射出的学习倾向（兴趣和天赋）等做出判断。在此基础上，由系统自动地对学生第二天上课的地点做出决定，让有相同或相似学习基础、学习性向和学习需要的学生，走到同一个教室内，由相应的专门教师对其教学，解决其共同存在的问题，组织小组讨论，提供相似的教学指导等。

需要指出的是，这样的分班制或走班制，一是基于数据分析的。它是以学生线上学习过程中所呈现出的各种数据为基础的，学生每天都可能在不同的班里上课。二是及时的。即上课的地点由"学习分析"系统根据学生存在的问题进行最优化处理后实时通知学生。三是各班教学是具有强烈针对性的。比如，同样的化学课，A班主要针对的是学生在置换反应中存在的问题；B班主要针对复分解反应；C班针对学生已经充分掌握了这些知识，目标定位在拓展深化或自主探究。这种基于数据的实时走班对提升教学质量，促进每个学生的发展，无疑有着重要的帮助。

当然，这需要数字技术的支持。对于某个知识点的学习，利用信息技术来准确地捕捉、分析和呈现每位学生的学习情况。这会给现有的教学管理带来不小的冲击和麻烦，但这是因材施教、个性化指导发展的方向和趋势，是教育规律使然。信息技术的出现，更有助于该项工作的实施？学校可以根据自身的基础和情况，从某一个年级的一至两个学科开始试点，分步实施，总结反思，逐渐推进。

（二）针对课下先学基础内容的课时调整

实施翻转课堂，在当前也被不少教师质疑，是否会因延长学生学习时间而加重学生学习负担。在这里，有不少的疑惑需要澄清，也有不少问题有待解决。

1. 教，是为了不教

任何发展都是学生的自我发展，同样，任何学习从根本上来说都是学生的自我学习。学习，终究是学生自己的事情。只有学生能够发自内心地积极学习，学习才可能成功。因而，养成学生的自主性，既是教育的重要内容，也是教育成功的保障。当前我国大多数家庭只有一个孩子，教育面临激烈的竞争，无论是家长还是学校，都存在着对学生生活安排过度、对学生教学过度的现象。学生什么时间起床、什么时间洗漱、什么时间用早餐、什么时间到校，以及在学校的每一分钟要做什么事情都是被精心安排好的。寄宿制的学校中，学生从一起床，直到学生入睡的每一分钟，都已经被精心设计好、安排好了。在这种精心的设计与安排下，学生逐渐丧失了自主学习的能力，自主生活的能力。学习中缺乏主动性，这对其终身发展并不是好事。

叶圣陶先生的"教，是为了不教"的主张，今天更需要认真对待。教，是为了帮助学生能够更好地学习，直到学生在不需要教师的情况下，也能够学习，也能够掌握知识。学生自己学会，是教的目的。当然，提升学生学习的自主性，既需要教师教育理念的转变，更需要有教育模式和教学方法的支撑。在翻转课堂的理念和模式下，知识与概念的讲解，可以在学习任务单或学习指导书等的帮助下，让学生用看视频的方式学习。如何确保学生学习视频，这个过程是学习取得成效的保障，也是提升学生学习自主性的保障。

为了确保学生能够深度学习视频内容，有的教师让学生看了视频之后写出对视频的评论，有的让学生完成相应的练习题，还有的是让学生对视频的内容提出 1~3 个有趣味、有深度的问题供上课时讨论等，这些都能帮助学生有效完成视频学习。相对于课堂上坐在座位上听老师讲解，在视频学习过程中，学生的自主学习能力更容易养成。因为这个过程的完成，需要学生积极地参与，需要认真聆听，深入思考，才能完成作业，才能提出有深度的问题，有可能发言参与课堂上的讨论。

2. 课时调整：适度减少课堂教学时间，增加学生自学时间

英语翻转课堂的实施，需要以学生课前的自主学习为前提。学生课前的学习，一般是在一个人的环境下学习英语，学得好的可以往前进，没有听懂的可以暂停，查找其他资料，反复听讲；可以站着学，坐着学，根据学生自己的喜好，以较为休闲的方式高效地学习英语。可以想象，真正愿意学习的学生，是更加喜欢这种学习方式，而非坐在教室内安静地听讲的。

在英语教学过程中，适度增加学生自学的时间，既是培养学生自学能力的要求，也是提升学生学习效益的需要。在增加了学生自学时间的同时，又不能延长现有的学生整体的学习时间，这就要求调整现存的、被视为理所当然的每天 7 节每节 40 分钟课堂教学制度。

变革的方式有多种，比如，打破老师在一直课堂上讲授的教学方式，而是改成：前半程，学生在老师的主导下上"展示课"，学生展示自己所学；而后半程时间，学生则围绕微视频自学。英语课堂教学改革，不仅提升了英语教学效率，也减轻了英语老师机械劳动的负担。诚如某学生所言："学习这活儿，靠老师教不行，主要还是自己去学。"学生自学的时间增加了，课堂上学生展示的活动更加活跃了，英语教学质量提升了，学校的改革受到了学生和教育行政部门的好评。

另一种改革方式是，改变每节课都是 40 分钟的固定模式。如果有的内容学生凭自学就能掌握好，那课堂上就不一定需要 40 分钟了，有的英语课可以调整至 30 分钟甚至 25 分钟。当然各个学校、各门学科各不相同。甚至同一门课的不同内容，需要的课堂教学时间也不一样。这节课需要 40 分钟，下节课则可能只需要 25 分钟，根据学习内容和学生需要，灵活调整，而非刻板一致的 40 分钟。

（三）与多样性相关的考试评价制度改革

传统的教育评价注重的是对评价对象的分等鉴定，主要服务于学生选拔、

教师考核与奖惩以及对学校进行分等鉴定等管理目的，是一种判断优劣的总结性评价活动。随着我国大学教育的发展，人们对评价的功能与目的的认识也发生了很大变化，通过评价激励学生更好地成长，通过评价促进教师的专业发展，为学校教育质量的不断提高提供保障，已成为我国基础教育界的共识。

评价具有重要的导向作用，英语翻转课堂作为一种在高效率基础上实现个别化教学的模式，如果没有考试与评价制度的保障，无疑会有很大的障碍。关于注重评价的诊断性与过程性的意义与价值，本书第四章已经做了详细的论述。不过，需要强调的是，仅仅有校内评价的改革还是远远不够的，它还需要有包括对学生与学校外部评价的改革。

研究表明，与学生自主性发展、学校个别化教学联系的评价也需要有多样化的评价。统一性的评价显然满足不了个别化与个性化的发展需要。这些评价有"增值评价""自身进步评价""组织质量评价"等。

二、翻转课堂与英语教师的专业成长

任何一项改革，尤其是与课堂教学密切相连的改革，其实施成功与否，与从事教育教学的老师有着直接关系。英语教师是决定英语教学成败的关键要素。英语翻转课堂也不例外，英语教师本人对翻转课堂背后所折射的教育理念的理解，对英语这个学科专业素养的把握，对学生的了解程度以及对英语课堂教学的驾驭能力等，都直接影响着英语翻转课堂实施的成效。

英语翻转课堂虽然有前置的视频讲解，但是翻转课堂的实施不是取消教师，更没有降低教师的作用，相反，英语翻转课堂对英语教师提出了更高的要求，期待着英语教师有更高的素养。

（一）从知识见长走向综合素质为范

当代教育正在从"知识本位"走向"综合素质本位"，很显然，这对英语教师提出了更高的要求。在翻转课堂的教学模式下，知识的掌握，可以通过课前的微视频自学来完成，课堂上多出来的时间，则可以更好地让学生在探究活动中养成科学研究的态度，学会科学研究的方法和相应的技能。而社会人文学科的教学，则可以有更多的时间，让学生展示、辩论、讨论与交流，发展学生的洞察力、思辨力和表达力，培养学生相应的情感态度价值观。微视频将教师知识传授过程置于公众的监管之下，这在很大程度上保证了教学的思想性。

然而，这种时间的增多与机会的增加，并不能必然地导致情感教育实效的增强。正如大家所熟知的，学生态度情感价值观的形成是建立在他们的经验与体验基础之上的。人与人之间的交往是影响学生价值观的最重要的变量。正是在这一意义上，我们说：未成年人思想道德问题的根源在成年人身上，提升学生的思想道德水平首先要提升教师的道德水平。

由于目前部分学校领导对教师师德重要性认识不足，疏于管理，责任心不强，个别教师在课堂上随心所欲地发表不负责任言论的情况还客观存在。这就是说，在翻转的课堂上，由于师生交往频率加大，部分教师不健康的思想有可能对学生产生更负面的影响。

由此，我们可以得到以下的结论。

第一，英语翻转课堂对推动英语教学领域中的思想道德教育将有重要促进作用。

第二，英语翻转课堂将为师生之间与生生之间的深度互动提供更多的时间与空间，这一深度互动将极大地影响态度情感价值观的教育。

第三，英语翻转课堂的实施对英语教师的思想道德提出了更高的要求。作为英语教师，当然要以学科素养见长，但更要有高水平的思想道德修养。所谓"学高为师，身正为范"，就是说，这两者都是不可偏废的。遗憾的是，在部分高校，学校领导重教师的学科素养，而轻教师的师德修养，这对培养学生全面发展的综合素质是极为不利的。

综合素质导向的教育需要综合素养为范的教师，除了对学科知识有深入的掌握外，在翻转的课堂上，教师还应当有组织学生从事项目探究和问题解决的能力，要有正确引导学生情感态度价值观发展的意识，并以自己的言行促进学生思想道德的发展。

（二）从自我中心走向学生中心

长期以来，高校教师尤其是年轻教师，在教学过程中比较关注如何教的过程：如何备课、如何上课、如何批改、如何辅导、如何评价等。相关的教学论文章也大都围绕着如何教来展开。比较中西方的教学论的论文，人们不难发现：我国的教学论研究大多重点围绕的是如何"教"，而西方有关教学论的论文则重点围绕如何"学"。这一现象不能不引起我们的重视。关注如何教，对于提升教学效益当然是非常重要的，如我国的集体教研制度、师徒带教制度等，深受国内外教育同行的关注与好评。

但是，英语教学过程中需要重视的另一方面，或者说是更为重要的方面，是学生自己的学习活动对其学习成效起着关键作用。学生是学习的主人，让学生自己对其学习负责，而不是教师或家长。一切学习都是学生自我的学习。英语教师的教，应着眼于如何帮助学生更好地学，如何设计与组织相关的教学资源，让学生在学习过程中更为积极、更为主动。

"从自我中心走向学生中心"，这就要求英语教师在设计教学微视频的过程中，始终考虑如何方便学生的学，要以学生原有的知识基础和情感基础为起点，英语教学过程中考虑学生的接受度，教学结束时及时反馈和校正学生的学习，为下一个阶段的学习打好基础。

更为主要的是，在翻转了的英语课堂上，英语教师的指导和辅导更是需要在教学目标引导下，基于学生学习的基础和现状来展开。在讨论和解决学生提出的问题的过程中，先要倾听学生的理解，给学生展示的时间和机会，在此基础上再有教师的引导、点拨和总结等。让所有学生在原有的基础上有更进一步的发展，是英语翻转课堂教学的最终指向。

如何根据每个学生的学习基础，有针对性地进行指导和辅导，是一件不容易的事情。在翻转了的课堂上，由于学生事先学习了视频的内容，对知识有了一定的把握。因而，在英语课堂上重复讲解微视频的内容是没有意义的。在一般情况下，由于学生已经初步地掌握了相关的知识，因此，他们会在此基础上提出各种各样的问题，有的问题是教师没有想过，当场也不一定能够回答上来的问题。面对这样生成性、开放性的课堂，实现了课堂教学从"预定式"向"生成式"的转变。在这一模式下，英语课堂很可能并不再按照教师预定的程式进行，这将是对教师的新考验。

走向学生中心，就要求英语教师关注学生差别化的学习，尊重并引导学生探究性、创造性的学习。

（三）从孤军奋战走向团队合作

在改革之初，并不是所有的英语教师都意识到了，英语翻转课堂的重要价值和意义，也不是所有英语教师有兴趣参与这一过程。因而参与英语翻转课堂尝试的老师，往往自己制作教学微视频，尝试上翻转后的英语课堂，探索的过程未免有些孤单。当前，英语翻转课堂的理念为越来越多的教育同仁所知晓，因而，实践中就具备了从孤军奋战走向团队合作的条件。教同一门课程的老师，在集体教研的基础上，根据课程标准的要求，将不同知识点讲解的任务分配给不同的教师，由他们创作教学微视频，设计进阶作业，录制好之后全体共享。与此同时，微视频录制的过程中，也可以采取团队合作的方式，资历较深的老师贡献思想和思路，设计如何教学；年纪较轻的老师则在准备、录制以及修改编辑的过程中，多劳动、多付出。当然也可以和专门从事电教的老师一起合作，共同录制出高质量的英语教学微视频。

在上课的环节，同样可以采取课前集体研讨、课中相互观课、课后共同反思的方式，不断提升翻转后的课堂教学的效益。在某高校的英语翻转课堂的观摩课上，同一节课由两名教师合作来上，一个老师负责教学过程的组织和引导，另一个老师负责教辅的管理和支持，两者相得益彰，成效更好，深受学生和同行好评。

三、翻转课堂与教育设施设备系统

理解了翻转课堂理念的教师，会被其实施的思路和效果打动，然而在尝试实施之际，往往会被实践中不具备相应的条件所困惑，比如学校没有相关的数字平台支撑，不是所有学生家庭都具备网络环境和个人电脑。所以，有的老师会问，如果没有这些条件，还可以实施翻转课堂的教学吗？这里的回答是肯定的，翻转课堂是一种教学模式或思想，主要是为了从以教师教为主转变到以教师教和学生学并重为主，让学生的学习从被动接受状态转变到主动思考和参与的状态。因而，只要是朝着这个教育目标而努力的实践，都是值得肯定的。

我国不少高校实行的以导学案为载体的"先学后教"课堂教学，都体现了翻转课堂的教学理念，学生在导学案的帮助下，先学习相关的学习资料，完成相关作业，对学习材料提出问题；课堂上，围绕师生关注的重点问题，展开讨论和交流，并解答学生的疑问和困惑，都是该理念的重要体现。山西某学校的学案课堂，也是翻转课堂理念的重要体现，学生学习了教学材料之后，需要撰写出学习报告，并将相关问题写在学习互动卡上，交给老师。老师根据学习互动卡上呈现的问题，有重点地请学生讨论，然后再自己讲解。这些都很好地体现了先学后教的理念，促进了学生的主动学习。

当然，有条件的地区和学校，可以采用更为先进的信息技术支撑，来更加便捷地实施先学后教的模式。比如山西某学校的学习互动卡，需要学生逐个呈交给老师，老师逐个看完之后才能确定学生的问题。如果该环节能够通过无线网络环境下的学习平台来实现，则会为师生节省不少时间成本。

实施英语翻转课堂，理想的教育设施设备支撑包括如下几个方面。

（一）师生人手一台无线覆盖的移动智能学习终端

观看英语教学微视频，在线提交进阶作业，参与网上交流与讨论等学习方式的实现，最好学生每人拥有一台移动智能终端、电脑、iPad、手机等。学生在课前的先行学习，可以在家里，也可以在校园内学习，甚至可以在公交车上、公园内，只要愿意，学生都可以拿出设备随时随地学习。教师也可以随时检查学生学习的状态，并及时回答学生的疑问和困惑。因而，在具备一定经济基础的地区，可以考虑为师生配备移动智能学习终端。比如，给师生每人配备一台iPad，支持学校实行英语慕课学习和英语翻转课堂教学改革。深圳南山实验教育集团则是由学生家长给学生配备这样的学习终端。拥有无线网络覆盖下的移动智能终端会为学生的学习提供诸多便利。当然，合理适度使用电脑进行网上学习英语，需要家长和学校共同的教育和保障。

（二）在线的交流互动平台

这一交流平台将为师生之间、学生与学生之间，同校的师生甚至校外的师生网上交流带来极大的便利。在师生具备无线移动智能终端的基础上，课前，教师在线给学生提供微视频学习资源，学生在线上学习，完成并提交进阶作业，遇到不懂的问题，网上求助同学或自己的老师的帮助。课中，针对不同学生的学习基础，英语教师可以更有针对性地给学生推送不同的作业习题，学生完成后立即提交给老师，老师很快知道学生作业完成的情况，在此基础上进行个性化辅导和教学。

上述学习任务的完成，学校需要建设师生交互学习平台。在该平台上，有英语教师提供给学生的视频讲解以及其他学习资源，进阶作业诊断系统，以及单元测试的评价系统。学生以学生的身份登陆，教师以教师的身份登陆，两者具备不同的使用权限和管理权限。学生完成学习任务，教师管理、指导和帮助学生的学习，以更好地辅导学生，更及时掌握每位学生的学习情况，让教学和指导更具针对性。

（三）进阶作业诊断系统、单元测试的评价系统

基于师生交互学习平台的进阶作业诊断系统和单元测试评价系统的建设，需要教育教学领域的专业人员和信息技术人员的合作完成。英语教师根据教学微视频设计的教学目标和教学内容，设计出进阶作业和单元测试的习题，最好针对一个知识点有 2~3 套作业习题和单元测试题。信息技术人员帮助教师设计在互动平台上，师生共享使用。

诊断系统与反馈系统的建设，可以减轻英语教师重复讲解和重复批改作业带来的工作负担，让教师的时间使用得更具效益。例如，可以更多地和学生交流，有针对性地对学生进行辅导。

第五章 微课与翻转课堂关系概述

微课和翻转课堂结合的教学模式丰富和创新了英语教学的教学内容和教学方式，强调学生的自主学习，鼓励学生积极主动地探究语言知识和技能，旨在变革传统的英语教学，实现语言教学的科学性、趣味性和创新性。

第一节 微课与翻转课堂的关系

微课，作为一种可视化教学资源，可课内应用，也可课外学习，因此，将微课视作翻转课堂的组成部分。二者关系是：微课是进行翻转课堂的基础，是翻转课堂重要组成部分，用作课前学生自主学习部分，帮助其对相关知识点达成基础性理解和释疑；而翻转课堂是微课的自然延展，是对相关知识点的巩固、运用和拓展、翻转课堂充分利用微课的趣味性，发挥微课视频可重复播放、容易操作的优势，科学设计课堂教学，增强教学互动，达到教学目标。

一、微课是翻转课堂的基础

翻转课堂主要分为课外、课内两大学习环节——课外自学、课内消化，微课正是课外自学的核心，通过微课将课堂知识点清晰明了地呈现给学习者，学习者可根据自身具体情况自定步调展开自学，只有在有效完成微课学习的前提下，翻转课堂的教学才能顺利实施并发挥积极作用。

二、翻转课堂成为微课发展的胚体

教学设计时要依据翻转课堂的需要来设计微课，分化知识点，将学习目标分解为若干个小目标，每一个微课程就只针对一个主题，解决一个难题。翻转课堂式教学的开展成为微课发展的胚体，微课只有根植于翻转课堂教学模式中才能真正发挥微课的力量，许多零散的微课才能成为一个体系，因此，基于翻转课堂教学模式的微课将具有系统化、专题化、可持续修订、可分解等特性。

三、微课质量决定翻转课堂的教学效果

由于翻转课堂在课内解决对知识的理解、对知识的反思等一系列有意义学习，而基础知识的掌握完全依靠课外学习，课外学习的核心便是微课。所以，精心设计微课，必须要从课程目标分解、微课教案设计、微课教学分析（包括学习者、学习活动等要素）、微课摄像、微课后期制作、微课生成等多个环节提升微课的设计、制作水平，以优良的微课质量确保翻转课堂教学效果的优化。

四、翻转课堂是微课的评价实体

微课质量的高低可以在翻转课堂上得到验证和评价，在课堂预备知识评测和反馈的环节，可以评价学生微课学习的效果，翻转课堂上教师通过设计答疑解惑、反思知识点、问题大讨论等活动来充分检验学生课外的学习效果，及时发现问题反馈信息，有助于微课的不断改进。围绕教学目标，学生课外展开微课学习，可以自定步调、自主学习、积累知识。课堂上学生在教师引导下进行知识的整理和消化，通过提出问题、反思问题、解答问题等多种形式促进学生知识的内化。

第二节　面向翻转课堂的大学英语微课的设计与制作

一、面向翻转课堂的英语微课教学设计思路

在微课的基础上进行翻转课堂的教学设计和实践，要充分利用微课的特点，使二者的优点相互结合，相互促进。微课中的教学设计、教案、视频等可以作为翻转课堂的教学资源，利用微课这一教学平台，为师生提供交流互动的机会。所以本文分别从课堂前、课堂中和课堂后进行分析，下面对此进行详细的讲解。

第一，课堂前。在课前这一环节，教师要理清本节课的学习目标，并且确定微课的教学目标和方法。微课的时间较短，内容突出，所以教师要录制一段10分钟左右的微课。微课中的教学内容要结合学习者的真实生活中的案例和新闻。在微课录制结束后，教师要将其上传到制定的慕课网站，并且告知学习者进行课前预习，观看微课。教师要在学生预习的过程中及时和学生沟通，以便掌握学生预习中的疑问，对于学生中普遍存在的问题要在课堂教学中重点讲解。

第二，课堂中。课堂中讲解是翻转课堂的重要组成部分，翻转课堂的课堂

教学环节是以学生预习中普遍存在的学习问题为导向来进行知识内化的。学生学习线上的微课只是一种学习手段，在线课程必须和传统的课堂讲解结合起来。学生观看完微课视频之后，对本节课的学习内容有了自己的感悟，从中也找到了自己疑惑的部分，所以在翻转课堂上，教师上课的首要任务就是解答学生在观看微课之后的疑问。在这一环节，教师将全班学生分成 6 人一组，进行问题讨论和案例研究，以及成果展示等环节，将课前学习的内容进行内化。这样在同学之间的相互帮助和教师的指引中，学生可以提升学习的积极性以及团队合作和沟通的能力；并且教师要在学生的小组讨论和展示完成之后，要及时对学生的表现和成果进行点评。而且教师这一环节也要重视对学生个性化的培养，根据不同学生的学习特点制定不同个性的学习方案来解答学生的问题，满足学生的需求。

第三，课堂后。课堂后环节主要是进行教学反思。教师通过对学生课前表现、课中表现以及对学生作业批阅等分析学生的学习情况，对学生的学习情况进行评价，并且要将评价结果及时地反馈给学生，在以后的课堂中要完善本节课的不足。学生在课后也要及时地复习，并且再次观看微课视频，以保证所有疑问都得到解决。

二、翻转课堂模式下英语微课的制作策略

（一）依据教学内容，确定微课选题

英语微课设计的首要步骤是选题。选题是教师根据课程教学目标、课程体系结构、课程知识结构和内容，对教学内容进行整理和设计。教师在对课程重点和难点清晰地认识基础上，合理筛选和划分微课知识点。并通过树形图罗列知识点，以体现微课选题的内在关系，进一步补充修订知识点。

一门课程中过于复杂的知识点并不适合做成微课，可以采用 PPT 或文档等资源辅助学生自学。特定的课程中，一个知识点也可以选择多个微课来呈现。例如，英语备忘录的写作，可以拆分成备忘录的格式、各部分常用句型、备忘录的类型等微课。

（二）按课程特点，选择微课类型

英语课程多分为基础英语课程和行业英语课程两大类。其中基础英语课程包括阅读、听说、口语、语法、写作等；行业英语课程包括商务英语、旅游英语、

文秘英语、酒店英语、工程英语等。各课程依据自身特点采用的教学方法不尽相同，与之相配的微课类型也应有所差别。常用的微课类型有讲授类、演示类、表演类、合作学习类、练习类、讨论类等。一个微课一般采用一到两种微课类型。例如语法、写作的微课多采用讲授类和演示类微课，将要点清晰阐释。商务英语、文秘英语的微课多采用表演类和合作学习类微课。

（三）从知识点出发，撰写翔实的微课脚本

微课的脚本是微课制作的前提。撰写脚本之前要明确微课教学目标以及教学对象的英语水平，合理设定微课内容。微课基本内容包括情境导入、教学目标、知识讨论、总结提升、实践操作等环节。情境导入通过预设情景自然引出微课选题，吸引学生入境。教学目标呈现微课学习预期达到的能力水平，为师生评价学习行为提供参考。知识讨论在预设情景中通过演示、讨论、表演等形式体现主要知识内容。总结提升中，教师对知识讨论环节中出现的问题及注意事项进行总结并启发学生进一步思考。实践操作环节中，教师预留与微课内容相关的任务。学生课前完成任务，并在自主学习平台上提交；教师课前给予指导评价，总结学生实践中的问题并有针对性地设计翻转课堂学习和讨论的内容。微课内容设计好后，教师规划好每个环节所用时间以及呈现方式，并根据不同的方式选用不同场景和拍摄工具。脚本要符合学生学习习惯、重点突出、内容精练、场景转换自然合理、语言精准。实际录制前教师应多次演练并根据实际效果和10分钟内的时间要求进一步完善脚本，以期达到最佳微课效果。

（四）以学生为本，选择生动多样的微课形式

微课设计应以学生为中心，通过丰富的形式，为学生课前自主学习营造良好的氛围，使学生乐于学、主动学，从而提高学习效率。因此，同一课程的微课形式要生动和多样化。微课应预设多种制作方法：课堂实录、实训录像、PPT 录屏、动画、视频编辑等，针对不同知识点选取最佳制作方法。例如酒店英语的微课制作中，可以采用模拟酒店情景进行实训、制作动画情景再现，编辑相关学习视频或者 PPT 录屏和视频编辑相结合的方法。同时，微课要生动形象，以增加微课的趣味性和观赏性。例如讲授类微课要注意知识点间的逻辑关系，最好用图表和关系图的形式直观体现。表演类要加入情景演练和必要旁白等。

（五）注重效果，客观使用微课评价

微课碎片化的特征使教师便于根据实际教学情况更新补充。微课设计中教师应设置微课评价模块，让学生在翻转课堂前后自由发表评论和建议，教师以此为依据，进一步完善微课体系。微课评价能有效地调动学生对课程的参与性，实现师生共同进步。翻转课堂模式下的微课设计体现了教师的教学理念和风格，也反映了学生的学习兴趣和特点；是贯穿整个教学过程、不断更新、修改的动态过程。随着研究的深入和教学实践的发展，翻转课堂模式下的微课设计一定会引发更多讨论，为教学提供宝贵意见。

（六）微课的设计原则

微课的制作应具备如下特征：选题新颖且趣味性强；教学时间为1~10分钟；教学内容要少而精；教学设计简洁美观，结构完整；教学视频不单调，动静结合，图文并茂。此外，微课内容既有知识点的讲解，还要设置一些思考和练习的环节，让学生积极思考，吸收新知识，练习新技能，解决新问题。

第三节　基于微课的大学英语翻转课堂教学设计

一、基于微课的翻转课堂设计思路

（一）教学策略

在微课基础上的翻转课堂教学模式设计策略主要是：运用互助学习、发现学习和主动学习的策略，在该种全新的模式下，学生在整个学习过程中是主体，教师仅仅起到的是协助和辅导作用，将更多的时间交给学生，提高学生学习的主动性，实现学生的自主学习，有效激发学生的学习热情。

（二）基于微课的翻转课堂教学设计原则

1.选题标准

翻转课堂教学模式内的微课选题必须要精练，实现对教学重点的有效突出，教学内容实现对新知识的讲解、考点要点全面涵盖，并且要添加辅助性的教材解释和学习方法的指导和传授等。

2.关于课程时间设计原则

微课的最重要特点之一就是课程时间十分短，通常保持在5~8分钟，最长

的也不能超过 10 分钟。

3. 关于教学过程设计原则

微课的教学过程设计大致有几个步骤。第一步是提出教学问题，在教学活动中教学内容要保证简洁和清楚，教学要体现教学知识重点，并且要充分讲解知识重点，切记不能存在分歧情况。第二步是要对讨论环节进行设计，翻转课堂基础上的互助学习活动在教学中是重点，互助学习可以提升学生自主解决问题的能力，实现对学生协调合作能力的有效促进，保证学生各项能力全面发展。

4. 资源设计原则

微课教学视频内的设计必须具备一定的主题设计思路，各个环节之间需要紧密联系，为学生创造真实的教学环境，保证学生对教师教学思路的紧密跟随。

（三）基于微课的翻转课堂教学流程

英语教学具有自身的特点，微课翻转课堂教学设计必须科学、合理，具体流程如下。

1. 课程开发

（1）导学设计

导学顾名思义就是引导学生学习，这一部分中主要是为学生明确学习目标、内容和任务。如果在微课的翻转课堂教学中，教师不能为学生提供有效和正确的导学设计方案，将会严重降低学生的学习效率。

（2）录制微课

如果课程的教授中经常性或是长期性借助微课教学，则要学些专业视频制作软件，如 Adobe Captivatel。它不但存在录屏的功能，而且最大的优点为实行交互性，能够在视频观看中插入相应的自主练习题，同时还可以检测学生对学习内容的掌握程度，激发学生的学习热情。如英语邀请函写作的微课教学，教师不适合开展过多的讲解，录制的视频时间长度约为 10 分钟即可。内容主要包含了邀请函的分类、邀请信写作的格式和范文解析等。微课录制内不管教师讲解还是微课内的文字多用英语，单词若是比较生僻可以搭配汉语进行解释。

（3）上传学习资料

一般上传到网络学习平台内容是媒体资源及文字材料。多媒体资源包含了教师制作的微课或课件，其他资源网站上下载的微课、视频或课件等。

2. 传授知识

（1）远程监督

翻转课堂虽然将知识传授放在课外，教师不能目睹学生学习过程，但可以利用现代通信设备对学生的学习进度实行切实的掌握。教师采用手机或电脑定时为每一个学生发消息提醒学生按时来完成自己的学习任务。教师要积极同学生实行网络在线交流，及时指导学生，对学生的学习进度进行了解。教师可以记录下学生提出的普遍问题，归纳整理后做出解决。

（2）学生自主学习

在翻转课堂中，将知识传授的部分放在课外，学生能够对学习任务实现自主掌握，对学习的时间和地点进行自由选择。只要借助手机，学生就能够在任何时间和地点观看教师上传后的微课。

基础扎实的学生只通过观看一遍微课便实现有效地掌握，并且完成学习任务，但是基础较差的学生需要多次进行暂停或是对微课进行回放才能完成练习。

完成练习后如果时间充裕，学生间或是师生间可开展在线网络交流，向老师提出学习中所遇到的问题，或者讲述自己的学习心得。在这种不需要和教师面对面谈话的情境中，学生会更具有表达的意愿，教师也会得到更为全面的反馈。

3. 内化知识

（1）教师指导

课堂上教师首先需要解答学生在课前遇到的问题，以此确保学生顺利完成学习任务。只要教师集中授课时间适当，有时仅需花费少量时间将重点讲解一下即可。结束讲授后，教师可为学生布置学习任务，根据学生反馈的问题和教学内容，课前完成课堂活动设计，课堂上依据步骤完成主要任务，或是宣布相应的要求即可。

（2）协作学习

学习内容主要是在翻转课堂的基础上协作完成。协作学习的目的主要是帮助学生达到共同的学习目标，依靠小组合作方式，合作互助完成学习任务。协作学习可以对学生的合作意识、交际能力、创新精神进行培养，利用学生之间的互动来实现共同提升。

4. 评价反思

（1）教师总结

教师的课后总结分为对学生的学习情况进行总结和对整个教学过程的总结。前者采用批阅作业方式，如英语邀请函学习写作中，每个学生基本上都会写两到三篇的文章，教师通过阅读后了解每个学生的不足和优点，随后将评价反馈给学生；后者是通过学生的反馈和评定教学过程的观察和学习效果，在总结中发现的不足及时更正，摆正以后的教学更完善。

（2）复习

学生根据教师指导和评价实施有效复习，若学生的问题是缺乏写作经验，那么可以多写几篇加强练习；若是学生的词汇量比较匮乏，就可以在单词的记忆上多下功夫；在复习中如果遇到了不懂的地方，可以反复观看微课视频，或是转而向教师和其他同学请教。

二、基于微课的翻转课堂教育模式在英语教学中的应用策略

（一）将信息化技术与知识要点进行融合

教师要首先明确教学目标，在利用微课授课时要注重把知识的重难点充分地融合进去，设计必要的内容呈现方式。一个微视频要分清主次，每次都讲一个单元的内容或者一节内容，使得学生在短时间接受知识。其次，课前，教师可以利用网络平台发布简短精练的单元课件、讲义以及与单元主题相关的视频和文字资料，供学生在课前预习、课后复习和扩充知识，并且还能通过网络平台布置作业。最后，在课余时间，教师还能够在线辅导学生，在网络上监督学生的学习进度。此外，学生的学习进度和效果在网络上都能清晰地表现出来，教师可以根据学生的作业情况及时调整自己的教学策略，保证教学思路明朗。学生在网络学习平台上也能自主进行预习、复习和自测，有利于自身进步。

（二）提高教师的微课制作水平

微课教学方式新颖有趣，比较容易吸引学生注意力。因此，在整个短视频制作过程中，教师应该发挥自身的职业素养，做出高水准的视频。比如，教师可以借助多种媒体手段来丰富内容，加入学生们喜欢的元素来增强效果的可看性，学生在观看时能够专心学习，促进对知识的吸收。因而，教师需要不断学习和提高多媒体制作水平，了解学生的偏好，得出一般结论，做出针对性较强

的视频来。教师要意识到微课教学的重要性，做好充足的准备。第一，视频的时间要有严格的标准，控制在5~10分钟；第二，要训练学生自主学习的能力，让学生自动参与到翻转课堂中来，善于发表自己的意见，在学生之间形成小组讨论；第三，微课教学要有一定的教学顺序和思路，创造出一个真实的教学环境，保证学生的学习思路和教师的思路在一条线上。

（三）对学生进行个性化的指导

微课教学可以让学生根据自己的兴趣个性特点，进行个性化的学习，在进行微课堂视频设计时要保证内容资源的多样化，讲课语言要清晰、准确、具体而生动。教师要学会具体问题分析，对不同的学生采用不同的策略。教师在微视频课堂中对学生进行个性化的指导，对于学生提出的疑问和迷惑第一时间给出自己的观点，帮助学生从不同的角度来看待问题，挖掘事实的本质。教师在周末时间也可以设置在线沟通时间，对学生的学习效果给出客观性评价和适当的鼓励，这样会有利于学生增强自信心，提高他们学习的欲望。

（四）提高学生的综合能力

翻转课堂教学理念采用"课前传递信息和知识"的模式，能够极大地激发学生的自主学习兴趣，使他们体会到自主获得知识的乐趣。翻转课堂教学模式注重小组学习，学生们在小组讨论中能够将知识点串联在一块，将知识的深度和广度放大，提高整个小组的学习能力。另外，小组学习的方式会带动整个班级的学习氛围，学生之间可以相互借鉴，分享经验，能够增强自主学习的能力和自我反思的能力。同时，翻转课堂教学理念还主张知识的传递性，学生在课下自主学习，在课堂上进一步理解知识的结构。翻转课堂也变成了师生之间交流互动、答疑解惑和学生学习成果展示的平台，学生在学习的过程中能够将知识内化，提高学习效率。并且翻转课堂能够优化教学设计，通过在线网络视频给学生提供学习的平台，扩大了学生的学习范围和领域，在主攻方向上还能同时获得自己感兴趣的话题学习。

（五）传递知识

在开展英语翻转课堂前，教师要结合课堂教学将课堂内的知识点划分成不同的层次，并且要实现对每个层次知识点的细化。随后借助软件来制作视频，在制作中要对学生的兴趣进行考虑，例如将一些重点的单次采用动画的方式进行呈现，针对一些比较难以应用的工具实行有效标注，协助学生更好地学习。随后将制作好的课件采用共享的方式放置在网络教学平台上为学生的下载和学习提供便利。

（六）内化知识

将学生划分为若干个小组，每一组选出一个小组长，通过组长来检查学生的课前学习情况，随后各个小组要对组员的学习状况实行有效地反馈，并且要实现有效讲解，教师要依据学生的学习情况来制定出最新的学习任务和学习目标。

（七）课堂反馈

完成了教师所布置的任务后，教师对各组的作业做出相应的检查。同时，学生也可以直接向教师提问，教师要对学生存在的疑惑进行解答，并且及时掌握学生的学习情况。

三、基于微课的翻转课堂模式在英语课堂教学中实施的注意点

（一）课前预习阶段必不可少

在翻转课堂的实施中，课前预习的环节是保证新模式顺利实施的关键。课前自学可以依托学习网络平台，教师把每节课的相关内容制作成系列微课并及时在课前传到网络平台上，学生利用方便的时间和合适的地点通过本节课的视频进行学习知识点、难点和重点，教师可以把课前学习的情况纳入到期末成绩评定里，以此作为监管手段。

（二）课堂针对性进行知识内化

在课前自学的基础上，课堂上老师就不必重述教学内容，可以有针对性地组织学生进行重点和难点的讨论澄清误区，或解决学生在自学过程中出现的问题巩固基础，再辅以相关习题，达到知识内化的目的。这样就做到完全把课堂还给学生，学生成为课堂的主人，老师只是起到辅助的作用，提高学习效率和积极性。

（三）课后自学巩固提高

每次课的微课都上传至网络平台后，经过后期整理，就会建成整个英语学

科的微课资源库。这样的资源库便于学生课后自己在线学习或下载，进行知识的复习和总结，也可以做相关习题进行拔高学习，还可以进行在线提问，老师及时给予解答，加强师生间的沟通交流。

（四）基于微课的翻转课堂模式在应用过程中出现的问题

1.微课设计

微课设计要精练，应保证在 10 分钟之内，最好是七八分之内。实践证明，微课如超出时间范围，知识点的讲解就会分散，学生在线下自学的时候就会觉得枯燥，效率低下。所以微课的设计要突出针对性，讲解要一针见血，切中要害。这样可以使学生的自学最大方便化，省时省力，效率最大化。

2.网络平台要保证

翻转课堂的实施需要线上线下同时作业，线下运转时就需要给学生提供快捷稳定的网络平台，以便其可以随时随地进行学习，尤其应该是免费提供的。此时网络平台在教学里就如同盖楼房用到的砖瓦一样，必不可少。如网络平台不具覆盖性、不稳定、操作复杂，则将直接影响翻转课堂的顺利实施。

3.课前预习要监督

课前预习环节是体现学生学习主动性与学习态度的一个侧面，也是锻炼其自学能力的一个渠道。在新模式的实施过程中，课前预习也是保证新模式得以顺利实施的基础。如果课前学生没有自学本节课程，新教学模式就会流于形式，整个课堂就会回归到原有的旧教学模式上，整个教学改革就会以失败而告终。所以课前预习必不可少，且需要教师进行监管，保证自学质量和数量。

四、基于微课的英语翻转课堂教学设计案例

（一）基于微课的英语翻转课堂教学设计内容

教学设计是教学活动开展的重要环节，教学活动的顺利有效进行需要教师对各个环节进行合理设计与安排。为检验基于微课的翻转课堂教学模式的有效性与适用性，试图将此模式应用于大学英语教学。在此环节中，将从教学内容、教学目标、教学策略、教学评价等方面进行分析与设计。

1.教学内容分析

本次课选取《新标准大学英语》第三册 Unit 10 Active reading（1）作为主要教学内容。主要内容为文章 Urban myth or urban legends？文章中所包含的知识

点内容主要包括以下几个部分：

（1）重点词汇。文章中出现常用的或《大学英语课程教学要求》中所要求掌握的词汇，这部分内容要求学生对相关的词汇达到识记或者运用的水平。

（2）长难句型。文章中会出现的长句与难句，如何分析、理解以及翻译这些句子是主要教学内容之一。

（3）语法知识。本篇文章的重点语法知识点为前缀 sub- 的使用。

（4）文化常识。了解文中出现的有关西方神话故事的典故。

2. 教学目标设计

本研究借鉴布卢姆的认知领域的教育目标分类学对教学目标进行设计。布卢姆的教学目标分类体系由知识维度和认知过程维度的二维模型构成。知识维度与认知过程维度相交之处构成分类表的一个个方格，因而，目标能够被放置在分类表的方格之中，任何一个强调认知的教育目标都能够被归于该表的一个或多个方格之中。在知识维度，布卢姆将知识分为事实性知识、概念性知识、程序性知识与元认知知识四个类别。在认知过程维度，布卢姆将认知过程从高到低分为了记忆、理解、应用、分析、评价、创造 6 个层次。从认知过程维度而言，布卢姆给出了较为详尽的动词效验表，有助于在教学实际中对目标的归类和分析。

根据布卢姆的教育目标分类学，对本研究基于微课的翻转课堂教学模式的教学目标进行设计。

（1）记忆 / 回忆

认识并能写出（write）以下词汇：credible、durable、dispose、symbolize、secondary、drop off、wipe out；

分辨（tell）同一词汇在不同句子里的含义；

分辨（tell）symbolize 的不同词性与含义；

正确匹配（relate）drop 所搭配的介词；

（2）理解

概述（outline）文章主要内容；

翻译（translate）文章中重点句子；

就文章内容进行相关话题讨论（ discuss ）；

（3）应用罗举（illustrate）中国相关的神话故事；

（4）分析比较（compare）中西方神话故事传达的主题。

3. 教学策略设计

在文的教学实验中，将采用以下教学策略来提高学生课堂活动的参与度与积极性，激发学生的学习动机，促进高效学习。

（1）同伴教学策略

同伴教学可以检验学习者及其同伴对于内容的掌握与分析，能够有效地促进学生的参与。通过同伴教学策略，教师向学习者提出一些与常见困惑或误解有关的问题，学生先通过自己思考，组织对这些问题的答案，然后通过与同伴的讨论达成共识。小组的讨论为那些最初未能解决问题的同伴理清问题，帮助他们形成正确的理解。最后教师组织所有的学生进行最后的讨论，并对讨论过程中难点问题进行适当的补充解释与拓展延伸。

学生以小组的形式进行协助互助学习，通过组内探讨分析解决问题。在完成翻译文章中重点句子这个教学目标时，学生以小组的形式共同完成对长、难句子的翻译，组内形成一致完整的翻译结果后，教师组织各个小组将各自的翻译版本进行比较讨论，点评各个小组的翻译成果，最终形成最佳的翻译版本。哈佛大学教授 Eric Mazur 提出，相比于向教师请教，学生更乐于从同伴那里获得帮助。因此，通过实施同伴教学策略，学生能够更高程度地参与课程教学，增加学习信心，促进学生之间的情感交流。

（2）问题导向的自主学习策略

由于目前学生的自主学习能力有限，在没有明确任务要求的情况下，部分学生不能完全自主地完成课前学习任务。因此，根据学生情况，设计了针对课前学习活动的学习任务单，在课前自主学习阶段向学生发放。学习任务单以问题引导学生对文章 Urban myth or urban legends？进行课前自主学习。学生通过自主观看微课视频学习相关词汇、短语、语法等知识点，完成学习任务单搭配的练习题，实现对事实性知识点的建构，完成第一阶段的教学目标。同时，针对重点词汇、短语设置了拓展性问题，促进学生对知识点的深入思考学习。

4. 教学评价设计

在本研究的教学评价方法上，采用形成性评价与终结性评价相结合的方式对学生的学习情况进行评价。针对学生课前学习任务的完成情况、课中活动参与情况以及教学内容检测情况做出定性与定量评价，主要从以下几个方面进行。

（1）随机测评

教师可通过随机测评迅速了解学生对学习任务的完成情况以及对知识点掌

握的程度，并及时发现学生对教学内容的误解并加以纠正，根据不同学生的情况进行有针对性的指导。测评的方式多样，如采用口头提问的方式对学生课前任务的完成情况进行了解，构成实时的形成性评价，对接下来的教学活动组织形成反馈信息。在本设计中，在课中活动开始阶段采用口头提问方式对文章Urban myth or urban legends？出现的重点短语随机选取学生进行英译汉与汉译英的提问，掌握学生课前自主预习的基本情况。同时，在整个课中阶段，教师将通过口头提问的方式随时了解学生的课堂学习情况，维持学生对学习活动的注意力。

（2）习题检测

课前学习任务单中针对课前学习内容设计检测习题，通过封闭式的习题检测学生对课前事实性知识点的掌握情况，通过定量评价把握学生课前任务的完成情况。此外，在完成整个章节的学习之后，还将设计针对本章节知识点的检测题，通过学生的检测题成绩，对学生在实验教学中所涉及到的知识点掌握情况形成定量的总结性评价。

（3）成果展示

小组协作任务完成后，小组将由代表把成果与其他小组分享展示。由于教学活动中没有一种展示方式适合所有学生，因此在成果展示环节，同时鼓励学生以自己喜欢的方式对小组协作完成的翻译任务成果进行展示，促进学生成就感的提升，将多元化的小组成果展示表现作为对学生学习成果的综合性评价的一部分。

（二）基于微课的英语翻转课堂教学活动设计步骤

1. 课前学习任务设计

（1）课前自主学习任务单

基于微课的翻转课堂教学模式的课前学习活动与传统的课前预习有巨大差别，这也是翻转课堂教学模式最主要的特征之一。在传统的讲授过程中，老师动员学生做课前预习，因为老师认为带着问题来听课课堂效率会更高。但学生预习是没有指导的，老师上课时并不了解学生的预习情况，依然按照自己的逻辑来讲新知识。这种和学生预习没有关系的上课方式造成很多学生在开学前几周预习，后期就会越来越少地预习。

翻转课堂之前的预习是教师布置的任务，任务不只是要求学生看某个资料或者某个视频，同时也会给学生布置其他任务，如完成与视频资源内容相关的练习题。但是学生有可能在看完微课视频后并不能正确完成习题，这并没有关系，因为学生做这个题的目的是让老师知道学生在什么地方遇到了问题，如同给学生号脉一样。学生完成的作业在课前要提交给老师，这可以借助信息技术平台实现。教师作为一个领域的专家，可能已忘记了新手在接触新知识的时候会遇到什么困难，所以翻转课堂之前的任务就是帮助老师了解学生存在的问题。在课堂上，教师省略对知识点的重复讲授，而是对学生在完成课前学习任务中所遇到的问题进行解决，促进学生在课堂上对知识的内化吸收。

同时，在翻转课堂中，教师将学生作业作为课上讲课用的例子，对学生作业中出现的问题进行讲解，而不是用教师已经准备好的十几年的经典案例。这种与学生特别相关的例题的出现就会让学生上课的时候具有一种代入感，他们会觉得所讲解的内容与自身有关系，有效地切合了 ARCS 动机模式中的切身性原则。翻转课堂另一个很重要的特点就是充分利用老师和同学在一起的时间，来帮助学生消化吸收、答疑解惑，这也是翻转课堂与传统课堂的区别。翻转课堂的预习是有任务设计的，而传统课堂的预习是没有指导的，这是一个本质的差异。为了让学生有目的地进行课前自主学习活动，在基于微课的翻转课堂教学模式中会利用课前自主学习任务单对学生的课前学习的各个环节进行指导。

（2）学生课前自主学习，教师收集问题反馈

学生得到教师的课前自主学习资料与自主学习任务单后，按照课前自主学习任务单的指导观看教学视频，完成自主学任务单中的任务。教师可通过网络平台关注指导学生的自主学习的情况，了解学生在观看微课学习时所遇到的问题。教师通过收集学生完成的任务情况，以及完成自主学习任务单相关练习的情况，总结学生所遇到的问题与学生提出的建议，为下一步课堂教学做好准备。

2. 课中教学活动组织

内化与拓展是翻转课堂课中教学活动设计的关键，教师设计组织课中活动的目的在于帮助学生更好地内化知识，理解知识。有学者通过分析比较美国林地高中翻转课堂的成功范式和重庆江津聚奎中学的翻转课堂模式，将翻转课堂课中教学活动设计为以下几个环节。

（1）课前热身

课前热身活动使学生处于一种准备学习新知识的状态，全身心地投入接下来的学习活动中。为激发学生的学生动机，此环节基于 ACRS 动机设计模型，

将其作为引起学生注意的重要阶段。教师利用与教学内容相关性内容的引入，引起学生的注意，调动他们的好奇心，促进学生对课堂活动的参与积极性，唤起学生对学习知识的热情。同时，翻转课堂课前内容热身环节，教师通过口头提问的方式引导学生对课前自主学习的内容进行回顾，并通过学生的回答形成反馈，为下一环节的问题释疑做准备。

（2）问题释疑

翻转课堂课中活动的第二个环节是问题释疑。学生在进行课前自主学习时，由于不同学生之间的知识结构、认知水平的不同，不同学生对知识的认知也会不同，这样就在他们之间产生一种认知不平衡，而新的认知结构就产生于学生之间的这种认知不平衡。在翻转课堂中，学生是教学活动的主体，教师将学生在自主学习阶段观看微课学习时所收集到的问题作为讲解例子，这些例子都是学生在自主学习时所遇到的，学生对讲解内容比较熟悉，具有较高的切身性。通过与教师的问题探讨，学生在不断的认知不平衡中形成新的认知，实现对知识的内化。

（3）协作互助

在已有问题得到解疑之后，通过学生之间的交流和互助对知识进行深度内化，从而构建出自己的认知结构与知识体系。在传统的教学模式下，学生课后独立完成作业，当遇到困难时无法及时与同伴沟通并获得帮助，此时他们会意识到完全依靠自己的能力无法完成任务，因此学习自信心会受到影响。在翻转课堂课中，教学活动将为学生创建一个协助互助的环节，通过同伴交流与合作提升学生完成学习任务的信心。在这个环节中，教师将较难的问题与更具有挑战性的任务交给学生，这些问题的解决或任务的完成通过小组协助的方式进行，然后经过小组成员的讨论协作达成共识。

（4）成果展示

经过协作互助环节后，教师引导学生将自己或小组的学习成果进行组间分享与互评。学生将个人与小组的成果进行总结，选出小组代表展示他们的学习成果，同时也可提出值得深入探讨的问题，通过组间问题的深入探讨更进一步促进知识的深度理解吸收。同时，通过组间成果分享展示进一步促进学生之间的交流，小组间通过互评提升对小组成果的认可度，学生在分享中体验共同完成学习任务的满足感与成就感。成果展示可以选择多种方式，根据教学内容特征，主要以主题发言的形式进行，学生也可自由选择其他方式。

在现代信息技术的发展下，基于计算机与网络技术的现代教育技术为教学模式的改进提供了新的探索方向。基于微课的翻转课堂教学模式将计算机辅助教学与网络平台技术结合起来，弥补了以教师讲授为主的传统教学模式的部分不足。教育部《英语课程要求》指出，英语课程改革要充分利用现代信息技术，尤其是网络技术，使教与学在一定程度上可以不受时间与地点的限制，

将基于微课的翻转课堂教学模式应用于英语课程教学是对新型教学模式的有效尝试，对促进学生个性化学习方法的形成与自主学习能力的发展有积极的作用。

基于微课的翻转课堂教学模式应用于英语课堂具有可行性，这一教学模式可以提高学生对英语课程的学习积极性，促进课堂教学交流互动，提升英语课程的教学效率。

与传统教师讲授为主的教学模式相比，在基于微课的翻转课堂教学模式下学生取得的检测成绩更好，这一教学模式在促进学生成绩提升上更有优势。

基于微课的翻转课堂教学模式让学生的主体性得到体现，学生在一定范围内可以自己把握学习进度，有利于学生自主学习能力的提升，并推动学生的个性化学习。

（三）研究反思

第一，教学模式的变化不仅仅是教学方法与教学手段的变化，而且是教学理念的转变。英语教学理念需要从以教师为中心、单纯传授语言知识与技能，向以学生为中心、传授语言知识与技能的同时注重培养学生英语实际应用能力与自主学习能力转变。因此，一种新的教学模式的实践首先需要教师不断更新教学理念，不断提高自身综合素养，与时俱进，勇于创新，乐于实践，只有教育者成为了翻转课堂教学模式的实践者与推动者，才可能推进这种教学模式的完善与发展。

第二，学生也是基于微课的翻转课堂教学模式在英语课程中推广应用成功与否的关键因素。在翻转课堂教学模式中，学生的主体性得到充分体现，他们被赋予了更多掌握自己学习过程的机会，同时也对他们的自主学习能力提出了更高的要求。教师角色的淡化，学生主体性的体现促进学生自主学习能力的提升，这种角色的变化是以培养学生终身学习能力为导向的。

第三，翻转课堂伴随着现代教育技术发展而产生的，这种教学模式的顺利实现离不开先进的计算机与网络技术的支撑。因此，学校与社会需要对翻转课

堂的推广应用提供良好的硬件设备支持，这样才可能保证这种模式不会因为技术原因出现应用的困难，从而更好地促进这种教学模式在实践教学中不断完善。

第四，翻转课堂教学模式作为一种由国外引进的一种新型教学模式，不可避免地受到国外教育环境与教学条件的影响。因此，这种教学模式适合哪些学科，哪个学段，如何让这种模式实现"本土化"应用，在充分利用现代教育技术的同时，合理后承传统教学模式的优秀部分也是需要广大教育者进一步探索的问题。

第六章　基于微课的翻转课堂在应用型大学英语教学中的应用

应用型本科院校办学理念与办学宗旨主要以技术型人才、复合型人才及应用型人才培养作为职责根本。通过全面融入区域经济，构建校企合作关系的方式，将高校教育与产业聚集区、经济开发区、当地资源要素相对接，从而实现技术创新、科技服务与人才培养的发展目标。随着互联网＋教育的发展，应用型本科院校逐渐呈现出个性化、多元化、数字化的发展特征，为高校通过开展翻转课堂培养学生的英语应用能力、表达能力及学习能力提供了良好的基础。

翻转课堂模式是将课堂教学过程置于课前阶段，并将知识内涵与技能培养的过程翻转到课堂阶段，其能够有效满足应用型大学的发展需求，使英语教育更加契合社会发展的节奏，提升英语教学的质量。

在应用型本科大学英语教学阶段，英语教师首先制作涵盖英语教学重点、难点、疑点的教学短视频。并在视频教学过程中，英语教师应根据相关教学内容，引导学生形成自主探索、自主学习的习惯，使学生对课堂教学脉络及自身的教学目标有整体的把握。在课堂教学阶段，英语教师需要将课堂教学过程划分为三个不同的阶段：

其一是展示阶段，即教师通过引导学生展示课前阶段的学习成果，明确学生的不足及普遍存在的问题。随后根据小组展示或学生展示的结果，构建并规划出相应的小组讨论及训练内容。

其二是训练阶段，即英语教师根据展示阶段的评价结果，制定出相应的小组讨论话题，英语能力训练任务，并结合学生在训练过程中的情况及表现，利用移动智能设备进行相应的记录。

其三是总结阶段，总结阶段的主要内容包括教学点拨、问题纠正、课堂总结、整体评价及课后任务等不同内容。

第一节　翻转课堂在应用型大学英语教学中应用的可行性

一、翻转课堂教学模式符合应用型本科教学的目标定位

应用型本科教育属于高等教育层次的职业教育，它主要区别于高职专科、普通本科和专业硕士，它既不同于专科层次的高职，也不同于一般的普通本科，更不同于专业硕士。应用型本科以应用型为办学定位，而不是以科研为办学定位的本科院校，重视实践教学、强化应用型人才培养。所以其人才培养目标也不同于一般的高职院校和研究型大学。应用型本科大学人才的培养着眼于为本地区的经济发展服务，英语教学不仅仅是为提高学生的人文和文化素养，主要是提高学生的应用能力，即加强学生英语语言知识的运用能力。要实现这一人才培养目标，课程模式和教学模式的改革势在必行。

二、翻转课堂模式根植于学习者的需求

21 世纪是一个不断创新的时代，创新人才的培养需要实行个性化教育，不仅使大学生全面发展，而且使他们能够根据自己的兴趣、爱好、心理特征等个体差异健康成长。应用型本科学院大学生具有较多的课外学习时间和能灵活安排的学习时间；应用型本科学院大学生的学习既具有自主性又具有探索性，不适合采用满堂灌的讲解方式；应用型本科学院大学生的学习应该以自主学习为主，让他们在研讨式教学、自主学习中得到较好发展。信息化时代大学生能很快地接收数字化学习方式，翻转课堂教学模式植根于学习者的需要。大学英语翻转课堂教学模式能更好地挖掘大学生的学习潜力，提高大学生的英语学习积极性与创造性，培养大学生的创新思维和探究能力。

三、翻转课堂模式符合信息技术的发展规律

21 世纪以来，新一代信息技术、建构主义和宏观社会教育系统理论、国际开放教育资源运动三股力量为信息化环境中的教育教学改革提供了技术环境、变革理念和开放资源。《教育信息化十年发展规划（2011—2020 年）》指出："利用信息技术开展启发式、探究式、讨论式、参与式教学，鼓励发展性评价，探索建立以学习者为中心的教学新模式，倡导网络校际协作学习，提高信息化教学水平。"2007 年教育部颁布的《大学英语课程教学要求》中

指出："各高等学校应充分利用现代信息技术，采用基于计算机和课堂的英语教学模式，改进以教师讲授为主的单一教学模式。新的教学模式应以现代信息技术，特别是网络技术为支撑，使英语的教与学可以在一定程度上不受时间和地点的限制，朝着个性化和自主学习的方向发展。"斯坦福大学公开课、哈佛大学公开课等精品课程风靡网络，在线视频快速发展，全世界共享优质教育资源，有助于现代教育技术与大学英语教学结合起来，为大学英语翻转课堂教学模式提供了更广阔的空间，为大学英语教与学的进一步发展提供了新的思路。

第二节　应用型大学英语翻转课堂教学现状问题与对策

一、应用型本科院校大学英语翻转课堂教学现状

应用型本科院校大学英语翻转课堂教学工作中，虽然结合翻转课堂教学特点，录制大量的教学视频，并且将其放在互联网上供学生进行学习，但是大学英语翻转课堂教学还存在很多问题和不足。同时，虽然所制作的网络教学视频，也能满足学生课前自主学习需要，提升学生学习的主动性。教师也可以结合翻转课堂教学视频在大学英语翻转课堂的教学环节中，对学生进行知识的讲解和互动。然后引导学生采用小组合作的方式，强化对知识的认知和理解。但是，大学英语翻转课堂教学在具体落实和推动的过程中，还面临许多困境和不足，对于翻转课堂关注程度还有待提升。

应用型本科院校在大学英语翻转课堂教学中所存在的问题主要体现在：其一，未能合理制作课前预习的教学视频。当前大学英语教学应用翻转课堂教学的意识还有待提升，而且在结合学生学习需求，整合大学英语教学素材和资料，制作课前预习教学视频等方面存在不足。同时，也没有采用将更多大学英语学习问题和教学视频有机结合的方式，提升课堂教学水平，学生在大学英语翻转课堂的自主学习中，仍然以书本知识为主，其课前教学视频内容缺乏吸引力和趣味性，导致课前预习的教学视频资源单一。其二，没有组织课堂的教学活动。大学英语翻转课堂教学的课中环节，是实现教师角色和学生角色颠倒的方式，给予学生正确的学习引导和帮助，然后也可以采用小组合作和互动交流等方式，提升学生学习水平。但是从当前情况来看，大学英语翻转课堂教学忽略对课堂教学活动的组织，还是以传统的教学模式为主，

由教师讲解课堂课程教学视频和内容，在加强互动和交流，调动学生学习积极性，强化大学英语教学水平方面存在不足。其三，信息化课堂教学环境不完善。在应用型本科院校大学英语教学中，需要结合翻转课堂教学特点，为学生营造良好的信息化课堂教学环境。目前大学英语翻转课堂教学仍然出现课堂气氛单一、课堂教学环境不理想的问题。教师没有结合翻转课堂教学特点，为学生合理营造课堂教学情境，加强教学氛围的优化。在利用翻转课堂教学模式，合理组织课堂教学评价等工作存在不足。没有在课前预习、课中教学后，对学生进行课后评价和总结的工作，进而使大学英语翻转课堂教学效果不理想，影响对学生英语学习能力和素养的培养，难以发挥优势和作用。

二、应用型本科院校大学英语翻转课堂教学策略

（一）制作课前预习的教学视频

所制作的教学视频，不仅包含大学英语课程教学内容，还要具有信息多元化呈现的视觉效果、合理的教学视频时间，以及在课堂教学环节中的互动策略，进而才能实现对学生的全面培养，增强学生学习效果。

首先，大学英语课程教学，一般是分为几个单元主题进行的原材料教学，这就需要教师在制作课前预习教学视频时，积极考虑大学英语教学的完整性，做好各个教学环节的设计、呈现等工作。同时，还可以积极利用现代网络技术，加强对网络化丰富资源的挖掘，采用将丰富资源与大学英语教学内容有机集合的方式，正确地梳理有机资料，筛选出满足学生学习需求的优秀学习材料，合理对教学视频进行设计。

其次，在设计课前预习教学视频时，还可以插入相关重点信息和学习资源，这样也能方便学生正确把握重点知识，提升知识的传播和传递效果。

最后，教师可以将制作好的课前预习教学视频通过教学平台传递给学生，然后让学生采用个性化学习的方式，做好课前预习等工作。

学生在课前预习和自主学习期间，也可以让学生结合教学平台的在线测试功能，加强课前练习题的训练和解答，培养学生正确的学习意识。在课前预习环节，也可以采用追踪学生学习情况和测试信息反馈等方式，合理推动翻转课堂教学工作全面发展，给予学生更多自主学习的空间和机会。

（二）合理组织课堂的教学活动

在翻转课堂教学中，制作完成教学视频后，并不意味着翻转课堂教学就成功了，最主要的是在课堂教学环节，而且通过课堂教学环节，才能实现翻转课堂的真正翻转，加强教师与学生之间的互动和交流，这也是学生知识内化的过程，也是学生学习的核心和关键。一方面，教师可以结合课前所制作的翻转课堂教学视频，向学生讲解相关知识内容，也可以采用精心设计课堂活动的方式，帮助学生完成新知识的内化过程，也可以为学生提供良好的英语输出机会，加强学生英语语言灵活应用和表达能力培养。在组织课堂教学活动期间，教师还要发挥课堂引导者作用，明确学生作为学习主体，需要给予学生更多自主表现和学习空间。因此，在翻转课堂教学环节中，教师可以组织一些合作式项目的学习活动，让学生采用小组学习和互动的方式，进行课文词汇和背景知识的分析与讨论，也可以结合课前教师所布置的教学问题，进行合作解决和调查，提升学生学习兴趣。另一方面，为提高学生学习效果，以及增强学生对学习知识的认知，可以在小组学习和活动完成后，让学生采用小组汇报和成果展示的方式，提升学生学习的热情，了解学生在学习过程中存在的问题，进而具有针对性地给予帮助和指导。

（三）优化信息化课堂教学环境

应用型本科院校在教学中，需要优化信息课堂教学环境，而且良好的信息化课堂教学环境，也是落实翻转课堂教学工作的需要。教师需要为学生营造一种不受时间、地点限制的移动学习氛围，让学生在良好的教学环境中，进行探究学习、协作学习。同时，在大学英语翻转课堂教学中，可以结合学生学习的实际需求，适当地添加视频、音频等教学资源，加强教学资源在网络平台的共享和互动。另外，在翻转课堂的最后一环节中，是对学生进行能力测试和评价环节。因此，教师可以利用网络平台的测试反馈功能模块，考查学生在翻转课堂学习的能力和知识掌握情况。同时，也可以采用教学互动、交流等形式，指出学生在翻转课堂学习中的问题和不足，也可以采用学生小组评价和学习成果展示的方式，做好翻转课堂的教学评价和总结工作，实现信息化课堂教学环境的优化。

第三节 应用型大学英语翻转课堂模式下 教师队伍建设

应用型本科学院教师队伍建设决定着应用型人才培养的质量。大学英语课程兼有工具性和人文性的性质，大学英语教师肩负着普及英语知识，提高大学生英语交际能力，培养英语综合应用能力较高的人才的目标。大学英语翻转课堂教学模式的实施需要从以下几个方面加强教师队伍建设。

一、更新大学英语教师教育教学观念

观念是行动的前提和基础，大学英语翻转课堂教学模式的成功翻转要求大学英语教师教育教学观念先行转变。大学英语教师教育教学观念的成功转变才能保障大学英语翻转课堂在大学英语课程教学的实施。大学英语翻转课堂教学模式下教师教育教学观念的转变体现在以下几方面。

（1）课堂观念从注重"教"转变成注重"学"，大学英语翻转课堂教学模式的实施使教师从大学英语课堂大量知识点的反复讲解中解脱出来，大学英语教学的落脚点从关注教师讲解英语知识点转移到关注学生掌握英语知识点。

（2）学习主体从大学英语教师传授英语知识到大学生吸收英语知识，大学英语教师从关注英语知识点讲解到关注大学生对英语知识点的掌握。

（3）大学英语翻转课堂教学模式从"课堂学习＋课后练习"转变成"课前学习＋课堂交流"，课堂交流变得更加生动、丰富，大学英语教学不再是单纯的英语知识讲解，更多的是智慧的启迪和情感的交流。

（4）大学英语翻转课堂的学习主体从"教师传授知识"到"学生吸收知识"。

（5）大学英语翻转课堂大学生的学习习惯从"教师要我学"转变成"我自己要学"。

二、提高大学英语教师信息技术素养

教师信息技术素养是大学英语翻转课堂模式重要的组成部分，决定性地影响着大学生课外学习大学英语的深度和大学英语网络资源学习环境的创设。大学英语翻转课堂教学模式的实施和推广，离不开教育技术在大学英语翻转课堂教学中的应用与发展，离不开教师的信息技术素养。大学英语教师信息技术素养如下。

（1）大学英语教师能从视频网站上下载优质大学英语教学视频。

（2）大学英语教师能使用录制软件进行大学英语原创教学视频的制作，懂得录制成什么样的教学视频才能达到大学英语教学目标，并符合大学生的客观经验。

（3）大学英语教师学会如何注册和管理大学英语教学平台，能将大学英语教学视频通过网络平台呈现出来，并能够让大学生在大学英语课前使用教学视频，能够使用相关软件，如 QQ 群、博客等与大学生进行在线交流，能使用相关软件整合、分析出大学生在使用大学英语教学视频学习时所遇到的主要问题，作为大学英语翻转课堂教学实施的起点。另外，大学英语教师在加强自身信息技术学习的同时，要帮助大学生熟练使用相关技术手段，以确保翻转课堂教学模式在大学英语教学中更好地实施。

三、提升大学英语教师课程设计和教学管理能力

大学英语翻转课堂教学模式需要教师具有较强的课程设计和教学管理能力。大学英语翻转课堂教学模式除了制作大学英语教学视频所涉及的技术问题外，课堂上大量释放出来的时间需要教师精心设计课堂活动来引导大学生进行高效学习，并对课堂教学活动进行有效管理。大学英语翻转课堂要求教师准确把握课程教学目标、单元教学目标和每个环节的教学目标，将大学英语课程内容模块化，将大学英语课程模块化的知识转化为立体、真实的问题或任务，收集相关的好的视频或者制作出满足大学生需要的视频，同时设计出合理的大学英语课堂教学方案和大学生学习指导方案，引导大学生通过问题或任务的解决掌握相关英语知识，提高英语听说读写译各项技能。大学英语翻转课堂课中讨论交流的环节对教师课堂控管能力提出了更高地要求。大学英语翻转课堂教学模式的实施，得益最大的是学生，挑战最大的是教师。

应用型本科学院大学英语翻转课堂是一种使大学英语课堂人性化的学习策略，让教育艺术与信息展示、数据分析相结合，唤起大学生学习英语的乐趣，让大学生积极参与大学英语学习的过程，享受大学英语学习带来的自然兴奋。

第四节　应用型大学英语翻转课堂教学评价体系建构

一、"互联网＋教育"下的英语评价体系的基本内涵

应用型本科院校在"互联网＋教育"下，逐渐呈现出个性化、多元化、数字化的发展特征，为高校培养学生的英语应用能力、表达能力及学习能力提供了良好的基础。使教学模式突破传统课堂教学的限制，并在翻转课堂教学的基础上，实现线上线下协同育人的教学效果，充分激发了学生创新学习方式、开展自主学习的主动性与积极性，满足现代教育的基本需求。然而伴随英语翻转课堂模式的日渐完善与发展，作为高校教育有机组成部分的教育评价，能够帮助教师全面考察当前教学模式的利与弊，学生在英语学习过程的态度、进展及程度，使教师能够有效地掌握英语教育的节奏，明确近期教学目标。"互联网＋教育"理念能够有效帮助教师改变传统的评价体系，更加适应翻转课堂的教学需求，从而将英语评价贯穿到整个大学英语教学环节中，使教师通过教学平台详细地了解学生课程参与度、在线时长，活跃程度以及学习任务的完成程度。此外，学生群体在"互联网＋教育"理念的支持下，能够通过小组评价、自我评价以及教学点评的方式实现对自身知识结构的有效了解。在总结性教学评价层面，传统教学评价难以适应翻转课堂的发展要求，英语教师可以通过翻转课堂教学模式的应用进行课堂评价；通过在线评价与考试评价相结合的方式，对学生的整体情况进行评价，在过程中探寻出全新的教学评价机制。

二、传统英语评价机制在翻转课堂中的问题

首先，在传统的教学评价机制下，高校难以利用信息化技术的优势，通过数据记录的方式，明确学生的英语学习过程，导致评价结果片面单一，难以通过评价结果对学生展开针对性的教育，更难以通过更新教学方法，丰富教学内容的手段，提升应用型本科大学英语教学质量。

其次，传统的英语评价机制主要是通过总结性评价对学生英语掌握情况进行评价的，高校学生在英语学习中难以重视自身的英语表达能力及知识积累能力，导致学生只关注成绩而忽视学习过程的问题。

再次，由于传统总结性评价的影响，导致翻转课堂教学模式难以得到有效的开展与落实，英语教师在教学工作中，普遍对学生的应试成绩存在严重的顾虑，致使部分英语教师在翻转课堂教学中，有意地压缩学生讨论时间，

反复强调教材内容，使翻转课堂与原本的教育初衷相违背。在教学层面，由于总结性教学评价的影响，英语教师通常将大量理论知识融入教学视频中，造成学生不得不花费大量时间反复观看并理解教学视频中所呈现的英语知识重点与难点。

最后，传统的评价机制主体单一，英语教师通常在评价学生能力的过程中发挥主导作用，忽视了翻转课堂"学生本位"的教学思想与教学理念，不利于高校学生自主学习与创新创造能力的培养，更不利于应用型本科院校构建以就业为导向，以区域经济为主体的评价体系。

总而言之，传统英语评价机制在翻转课堂模式的形成与发展中，仍存在着诸多的问题，难以根据应用型本科院校的办学宗旨，推动大学英语教学的健康发展。

三、基于互联网＋的翻转课堂教学评价机制构建策略

（一）创建基于翻转课堂的网络评价机制

应用型本科院校在构建大学英语评价体系的过程中，应充分考虑到学生个体间的差异性，即专业背景、英语基础、理解能力及先导课程的差异性。从而为构建能够充分反映学生基础，体现学生学习进度与进程，满足个性发展的网络评价机制奠定基础。首先，在翻转课堂的课前学习阶段，英语教师应根据学生的在线时长、观看进度及学生学习任务的完成情况对学生进行初步评价，并将其记录在"教学数据库"中。其次，根据学生在课前阶段的"答疑"情况，"答疑"效果及课堂展示阶段的表现情况，对学生进行二次评价，以此明确学生的自主学习能力。最后，在小组讨论或专项训练的过程中，英语教师综合评价学生的学习能力和小组合作能力，进而根据学生间的差异性，给出合理的评价。

（二）构建出多样化的英语教学评价标准

英语学习与传统学科存在着本质的差异，它的内化过程通常是持续的、动态的，贯穿学生整个学习过程。所以，在构建大学英语评价标准的过程中，高校英语教师应充分考虑英语学科的课程特征及特点，全方位地、多元化地考察青年学生的英语应用能力。既要考查学生的翻译、写作、表达、阅读及听力等能力，更要考查学生的跨文化交际能力，英语综合应用能力等。在翻转课堂体系下，高校英语教师还需要评价学生的自主学习能力、合作能力及教学资源探

索能力。在网络技术的支持下，将学生的各项能力以折线图或圆柱图的方式呈现出来，使其成为英语教学系统的重要组成部分。学生可通过相关的评价数据明确自身的发展情况及所存在的不足之处，进而帮助学生确定学习目标，提升英语学习的针对性。

（三）构建全方位的教学评价模式

在翻转课堂模式下，高校英语教师应充分利用互联网技术考察并评价学生的英语学习情况，并根据翻转课堂的特征及特点，开辟出全新的评价机制。首先，在展示阶段，教师应引导学生对自身的学习情况进行自我评价，从而在结合教师点评的基础上，提升学生对英语学习的认识。其次，在小组讨论阶段，英语教师应鼓励学生对其他学生的英语表达能力，知识掌握能力进行评价，引导学生认识到其他学生的优势及自身的不足。最后，将学习任务完成情况作为日常评价的主体。通常来讲，翻转课堂的学习任务是教师根据学生知识掌握情况、课堂训练情况及语言应用能力所设置的教学手段，通过考察学生学习任务完成质量与完成进度，可以有效了解学生的英语学习情况。

在应用型本科大学英语教学阶段，英语教师通常根据学生的英语学习能力，基础知识掌握情况以及教学大纲的相关要求，利用信息技术与数字技术制作出涵盖英语教学重点、难点、疑点的教学短视频。教学视频普遍维持在5~7分钟，如果视频时间过长，学生将难以集中精力学习英语教学视频中的知识点，加大了课堂教学难度。因此，高校英语教师，普遍将教学视频控制在7分钟内，并通过渗透具有趣味性、娱乐性及猎奇性的教学元素，激发学生观看教学视频，探索相关知识的兴趣与热情。

第五节　翻转课堂在应用型大学英语教学中的应用
——以听说课程为例

一、应用型大学英语听说课程教学存在的问题

（一）教学班级人数过多

目前，为解决学生人数总量大、师资力量不足等问题，我国大部分的应用型本科高校大学英语课堂采取两个班级甚至三个班级的合班教学。这种超过100人的大班教学是大学英语课堂中常见的课堂组织方式，给授课教师和学生

带来巨大挑战。即要在有限的课程时间里，使教学班级中的学生得到均等的课堂学习机会和关注，这与课堂教学模式单一和学生英语学习主动性不高形成了巨大的反差和矛盾。

（二）课堂教学模式单一

当前，大学英语听说课程仍然以教师主讲、学生练习的传统教学方式为主，学生通过教师对知识点的讲解获取新知识。教学流程通常是"教师播放录音、组织听力练习、讲解、组织口语练习，学生听录音、做听力练习、记笔记、做口语练习"。这种教学模式难以为学生提供语言实践的环境，学生更多的是根据课程内容安排机械地接受知识，和教师之间缺少交流与互动，缺少合适的时间和空间来检验自己的学习成果。另外，由于在英语听说课堂上需要做很多刻板练习，以致很多学生会觉得学习过程枯燥无味，逐渐失去对英语的学习兴趣，课堂教学无法达到预期效果。

（三）学生学习主动性不高

进入大学前，学生的英语听读学习主要以应试为目的。进入大学后，面对毕业压力，大学生的英语学习主要以考取公信度高的英语等级证书为目的。因此，相对于与应试考试紧密相关的英语读写学习，英语听说学习缺少了有力的动机支持，也正因为这样，大学生容易忽视英语听说课程在整个英语学习中的重要性。笔者发现，很多学生一周的听说练习仅限于在听说英语课堂上的练习，课余时间很少再针对英语听说进行专门训练。此外，就算学生愿意在课下花时间和精力进行英语学习，也主要集中在背单词、语法知识积累和巩固、应试考试的模拟训练等方面。利用闲暇时间听英语歌曲、看英语电影和电视栏目、参加英语角活动等，并没有得到学生的重视。

二、翻转课堂应用于大学英语听说课程教学的优势

翻转课堂也被称颠倒课堂，国内学者将翻转课堂定义为：在信息化环境中，先让学生在上课前完成对课程教学视频等学习资源的收听、观看和预习，在课堂上再由师生一起完成作业答疑、协作探究和互动交流等活动的一种新型教学模式。翻转课堂在英语听说课程中的应用十分广泛，具有非常明显的优势。

首先，翻转课堂可操作性很强，听说教学主要通过收听音频、观看视频让学生进行听力和口语的大量模仿和实践，而英语教材本身就配备了精良的教学

音频和视频，学生自身也常备手机等电子设备，学校各处也覆盖了网络，同时各种互联网软件和平台可以为资源的发布和下载提供技术保障，可见大学英语听说课程比其他课程更容易进行翻转，教师和学生操作起来也非常便捷。

其次，翻转课堂有助于增加学生个体听说训练的时间，实现个性化学习和提升。听说能力的提高需要每名学生根据自身水平和需要进行大量反复、有针对性的听说训练，而翻转课堂以学习小组为单位，通过增加听说的练习时间和机会实现个性化学习，增强学习效果。

最后，翻转课堂可以为学生提供更多相互交流和展示的机会，培养学生良好的听说习惯。简言之，翻转课堂教学能够实现教师和学生、学生和学生的互动学习交流，保障学生在课堂上的有效输出，进而使学生不断积累交流和实践的经验，为毕业后的外语应用奠定良好的听说基础。

三、翻转课堂在大学英语听说课程中应用的策略

（一）课前预习

教师创建微信群、QQ 群或使用 App 程序如超星学习通、云班课平台等，发布英语听说课程的语言资料包，资料包中可以包括但不局限于教学视频资料，如教师工作教案、教学课程课件、补充知识材料、参考书目以及英语电影、英语歌曲资源等内容。例如，在教学视听说教程第二册第三单元 Let's Eat！为主题的内容前，将美食主题电影 Ratatouille/Cloudy with a Chanceof Meatballs/Charlie and the Chocolate Factory、美食纪录片 The World's Best Diet/The World's Most Expensive Food、美食博主"小马逛吃"、"Meetfood 觅食"短视频等上传到课程资料包，要求学生根据个人爱好挑选适合自己的辅助材料进行学习。不仅如此，为了提升听说课程的教学效率，教师还可以结合课程内容提前将听力作业发布在学习群中，如 Vocabulary Link/Conversation/Short Talks 部分，让学生完成课前预习的同时可以通过完成课前听力作业判断学习盲点和难点，遇到自己无法回答的问题可以先做好标记，在课堂上再与同学相互讨论或向任课教师请教。发布听力作业的同时，教师可以将课堂的口语任务发布在学习群中，方便学生进行课堂训练的准备。课前预习直接关系到课堂教学质量的高低，借助翻转课堂让学生在课前自主学习课本中的一些基础知识，不仅充分体现学生的学习主体地位，还能减轻教师的课堂教学负担，提升教学质量。

（二）课中教学

提升英语课堂教学有效性很大程度上取决于学习难度的大小和课程内容应用程度的高低。结合英语听说课程的学习内容，教师可以将学生随机分组，每 5~6 名学生为一组，根据课程的不同阶段制定独具特色的课堂学习任务。针对同一课程内容，教师可以设计不同的训练内容，确保学生不管基础如何，都可以依靠自身的学习能力和其他同学的帮助，有计划、有步骤地进行听力和口语训练。例如，在教学视听说教程第二册第三单元 Let's Eat！为主题的内容时，教师将学生分成若干小组，每小组约 6 名学生，让小组成员根据自己的爱好和水平选择要完成的课堂口语作业任务。该主题下的三个口语任务分别为"图片描述—Describing Food""独白—Myfavorite food""对话—Foods in our college"。学生的口语展示可以从简单的图片描述到独白介绍，再到模仿记者、调研人员或自媒体主持人，建立校园英语栏目和频道对同学和老师进行采访等。由于学生已经根据课前预习完成相关内容词汇、句型的学习以及听力的练习，这样回到课堂中，在教师完成听力练习的讲解后，大部分学生可以开始进行本堂课的口语训练，并在不断的口语训练积累中形成富有个人特色的表达风格。在课堂练习的过程中，教师可以引导学生查找相关资料，或与同学讨论，或在课堂上听教师讲解。在小组成员进行口语展示时，要求小组其他成员将展示的视频录制下来，并在课后将视频或音频分享到班级学习群，将其作为课程作品为课程总结和课程评价提供可靠依据。

（三）课后复习

在学习中遇到问题或困难，对任何阶段的英语学习者来说，都是非常正常的现象。由于课堂教学的时间短，对课程内容的消化和巩固就要留到课后进行。课后及时巩固所学的重难点可以增强记忆，因此课后的复习和训练对课程效果起到非常关键的作用。翻转课堂下，学生可以使用视频编辑 App，例如剪映等软件工具，将口语视频进行剪辑、编辑、配中英双字幕、加背景音乐和图片特效等，形成丰富的、有趣的、独具个性和特色的口语视频作品，以此达到巩固知识的目的。例如，在学生完成视听说教程第二册第三单元 Let's Eat！为主题的口语训练内容后，教师可以安排学生观看班级各个小组录制的视频，要求学生对课程内容进行课后梳理，同时将课前、课中的学习心得和总结上传到班级学习圈。例如，要求学生以自问自答的方式总结 3~5 个课程重点和难点，或以"学生提问—同学回答、学生提问—教师回答"的方式邀请小组成员或教师参与自己的学习总结汇报视频录制，等等。这样，翻转课堂下的听说课程可以使学生手脑结合、拓宽视野，从横向和纵向强化听说能力，增强课程学习效果。

（四）教学评价

翻转课堂中运用多种评价方式，包括学生自评、学生互评和教师评价等，教师可以自行设计这几种方式所占的分值权重。

1. 教师评价

在学生完成课程听力和口语练习任务后，教师认真评分并写下评语，及时反馈给学生，记录作业详情，为下次课堂评讲做好准备。

2. 学生互评

要求学生通过观看其他小组的口语视频，给出自己的反馈和评语，促使学生之间产生思维碰撞，使学生在相互交流学习的过程中拓宽视野、丰富学习情感。

3. 学生自评

学生自评可以使学生看到自己与其他同学的差距，进而通过后期不懈的努力不断提升自己。

例如，在视听说教程第二册第三单元 Let's Eat！课程的评价中，教师、学生均可以围绕课程作品进行评价，包括但不限于对作品的主题、语言水平、表演技巧、综合效果等效果进行评价和打分。教师可以通过对学生的评价进行教学反思与总结，并撰写教学日志。整体来说，翻转课堂采用多元化的教学评价，更能提升学生的学习积极性、锻炼学生的批判意识和判断能力。

四、大学英语听说课程翻转课堂教学反思

（一）要注重分层教学

有研究表明，对水平较高、基础较好的学生而言，比较适合采用英语语音翻转课堂模式，相比传统课堂，这种模式能更有效地提高学生的语音成绩，同时也在一定程度上提高学生的学习投入程度、知识掌握程度和对教学的满意程度；而对水平较低的学生而言，尽管他们对翻转课堂教学的满意程度更高，但是翻转课堂模式并不能显著提高其语音成绩和总体学习效果。因此，在英语听说课程教学中，关于学生随机分组，教师先要根据学生的现有水平和基础，将

小组成员较合理和科学地进行分配，再针对不同的语言训练项目、教学情境开展教学实践和研究，才能达到更好的教学效果。

（二）要调动学生的积极性

英语听说课程教学要求学生高度参与课堂训练，在课堂教学中教师应注意调动学生的积极性，而调动学生积极性的关键就是要尊重学生的创造性。大学生是富有活力的学习群体，教师需充分把握大学生的学习心理特点，充分利用大学生的好奇心和创造性，告知学生参与课堂展示的重要性。例如，从学生的课堂平时成绩着手，给予每次分享视频的小组或学生加 2 分平时分；对视频质量优良的小组授予"最佳展示小组"的称号，其小组成员加 2 分平时分等。此外，平时成绩评分制度充分尊重和鼓励学生发挥主观能动性，以充分调动学生参与课堂展示的积极性。

（三）要给予学生充分的准备时间

由于课堂口语展示具有一定的难度，同时考虑到班上学生的英语水平参差不齐，为充分调动学生的积极性，减少学生口语展示环节的心理压力，笔者建议在课堂上给予学生充分的准备时间。特别在校园采访部分，需要小组成员根据课程内容彼此分工和配合，形成一个完整的校园采访视频作品。例如，小组成员中，需要有 1 名采访人、2~3 名被采访人、1 名摄影师以及脚本制作、后期剪辑等工作人员。因此，建议给予学习小组充分准备的时间，使小组成员明确分工、相互协作、各司其职，更好地在团队合作中锻炼协调能力、临场发挥和应变的能力，增强英语听说课程教学效果。

（四）要提醒学生记录笔记

学生在完成口语任务并提交分享后，还不能算是完成课堂学习任务。应要求学生在提交听说视频后，认真观看其他小组展示分享的视频，并从视频展示的内容中提取有效信息，根据自己的学习需要选取重点、精华部分记录下来，做好课程学习笔记和反馈评价。学生之间的相互学习和切磋，不仅能使课程更加生动有趣，还能使学生在相互学习中找到自身的不足，主动缩小学习差距，使听说能力的训练得到长期、稳定、有效的强化。

（五）要发挥教师的作用

在翻转课堂上，"学"排在"教"之前，"我是学习者""我向我的同学学习"的学习理念得到了升华，凸显学生的学习主体地位，但这并不是说教师的教学就可以非常的简单，教师应掌控好整个英语听说课堂的整体方向与内容，不仅要在课前预习中密切监控学生的预习效果、紧盯学生的学习难点，还要在课堂中不断串联，为学生提供思路和方法参考。教师应作为课堂的组织者、学习的引导者和协助者，积极引导和鼓励学生，协助学生将口语训练顺利地进行下去，课后还要积极做好课堂总结和反思，争取得到理想的教学效果。

综上所述，针对当前应用型本科高校英语听说课程教学存在的问题，大学英语教师需明确教学目标，结合大学生的学习心理特点制订科学全面的教学策略，合理高效地运用翻转课堂模式，在实践中不断创新，持续地促进大学英语听说课程教学效果的增强，实现培养既有英语听说能力又具备专业知识技能的应用型、复合型人才的目标。

参 考 文 献

[1] 付馨慧. 基于微课翻转课堂教学模式在大学英语读写课堂中的运用探讨 [J]. 考试周刊, 2017 (A5) : 123.

[2] 王芳. 高中英语语法翻转课堂教学行动研究 [D]. 汉中 : 陕西理工大学, 2017.

[3] 胡瑾. 微课在初中英语语法教学中的应用效果研究 [D]. 延安 : 延安大学, 2017.

[4] 王丹丹, 张红霞. 基于微课的翻转课堂模式在高职公共英语课程中的实施探讨 [J]. 中国高新区, 2018 (02) : 71.

[5] 张春利. 大学英语写作翻转课堂教学设计研究 [D]. 漳州 : 闽南师范大学, 2017.

[6] 陈琦, 刘儒德. 当代教育心理学 [M]. 北京 : 北京师范大学出版社, 2007.

[7] 郑丽澜. 翻转课堂教学模式在高中英语阅读教学中的应用研究 [D]. 漳州 : 闽南师范大学, 2017.

[8] 杜兴. 翻转课堂模式在高中英语词汇教学中的应用研究 [D]. 延安 : 延安大学, 2017.

[9] 康霞. 翻转课堂教学模式在对外汉语综合课中的运用研究 [D]. 昆明 : 云南师范大学, 2017.

[10] 范玲玲. 初中英语微课的教学设计研究 [D]. 重庆 : 重庆师范大学, 2017.

[11] 段瑞. 小学英语系列化微课程设计研究 [D]. 漳州 : 闽南师范大学, 2017.

[12] 宋珂. 微课在高中英语语法教学中的设计与应用研究 [D]. 聊城 : 聊城大学, 2017.

[13] 唐琳. 微课在初中英语语法教学中的应用研究 [D]. 上海 : 上海师范大学, 2017.

[14] 袁金超. 基础教育微课资源设计开发的现状分析与策略研究 [D]. 西安 : 陕西师范大学, 2013.

[15] 郭琬. 微课的应用及其开发研究 [D]. 西安 : 陕西师范大学, 2015.

[16] 曹小芬.初中化学教学中的微课设计及应用研究[D].武汉：华中师范大学，2015.

[17] 徐琳，蒋春丽.非英语专业大学英语口语教学现状调查[J].三峡大学学报（人文社会科学版），2012，34（S1）：205－207.

[18] 张轶.大学英语听力教学现状分析[J].湖北经济学院学报（人文社会科学版），2014，11（01）：217－218.

[19] 陈婷.高中英语语法教学现状分析及反思[D].武汉：华中师范大学，2006.

[20] 白冰.浅析高校英语翻译教学现状和技巧[J].铜陵职业技术学院学报，2015，14（04）：85－87.

[21] 王皓.高校英语翻译教学现状及对策[J].长沙铁道学院学报（社会科学版），2012，13（01）：156－157.

[22] 邓隽.大学英语写作教学的现状、问题及对策[J].西南民族大学学报（哲学社会科学版），2002（04）：204－208.

[23] 段晶晶.翻转课堂在高职公共英语教学中的应用研究[D].石家庄：河北师范大学，2017.

[24] 司碧.翻转课堂在高中英语教学中的应用优势分析[J].新课程导学，2016（12）：74.

[25] 黄雷.试析翻转课堂在高职院校英语教学中应用的优势及问题[J].中外企业家，2016（22）：188－189.

[26] 王彤.基于翻转课堂的高职英语听力教学研究[J].湖南邮电职业技术学院学报，2015，14（04）：134－136.

[27] 范立彬，王春侠."翻转课堂"模式在高校英语听力教学中的应用[J].长春工业大学学报（高教研究版），2014，35（04）：57－58，135.

[28] 牟常青."翻转课堂"模式在高校英语听力教学中的应用[J].求知导刊，2016（08）：127.

[29] 李静文.翻转课堂模式在大学英语口语教学中的应用[J].吕梁教育学院学报，2017，34（03）：92－93.

[30] 何小青.高中英语阅读翻转课堂教学模式应用研究[D].福州：福建师范大学，2015.

[31] 谭君霞.高职翻转课堂教学实践研究[D].重庆：重庆师范大学，2016.

[32] 蓝蓝.基于翻转课堂的高中英语写作教学设计的实证研究[D].哈尔滨：哈尔

滨师范大学, 2016.

[33] 宋海鹤. 基于翻转课堂的混合式英语专业语法课程教学设计研究 [J]. 吉林农业科技学院学报, 2017, 26 (02) : 94 - 96.

[34] 罗颖. "翻转课堂"在高中英语语法教学中的应用研究 [D]. 济南 : 山东师范大学, 2016.

[35] 赵静. 试析翻转课堂在大学英语翻译教学中的应用 [J]. 新西部 (理论版), 2015 (23) : 145, 149.

[36] 刘艳茹. 翻转课堂在大学英语翻译教学中的应用 [J]. 重庆科技学院学报 (社会科学版), 2017 (06) : 109 - 111.

[37] 牛雪剑. 大学英语教学中翻转课堂的整合实践与教学设计 : 以商务英语翻译教学为例 [J]. 教育教学论坛, 2018 (01) : 187 - 188.

[38] 赵佳娜. 基于思维导图的微课教学研究 : 以大学英语为例 [J]. 浙江水利水电学院学报, 2016, 28 (03) : 85 - 90.

[39] 时静. 微课在英语阅读教学中的设计与应用研究 [J]. 吉林华桥外国语学院学报, 2016 (01) : 13 - 16.

[40] 胡维. 基于五星教学模式的大学英语阅读微课教学设计 [J]. 校园英语, 2015 (35) : 2 - 3.

[41] 李威峰. 微课助推高中英语阅读教学的案例研究 [J]. 英语教师, 2015, 15 (24) : 124 - 127.

[42] 温晶晶. 促进小学英语听力的微课设计与开发 [D]. 保定 : 河北大学, 2015.

[43] 李丹怡. 初中英语口语微课设计与应用研究 [D]. 新乡 : 河南师范大学, 2016.

[44] 张瑶娟, 周芬芬. 独立学院大学英语写作微课的应用探析 [J]. 佳木斯职业学院学报, 2017 (06) : 206 - 207.

[45] 管向丽. 利用微课打造高效的英语写作课堂 [J]. 牡丹江教育学院学报, 2015 (09) : 84 - 85.

[46] 韩莹. 基于"微课"思想高中英语写作教学的改革与实践 [J]. 才智, 2017 (34) : 18, 20.

[47] 王怡. 高职高专商务英语写作的微课设计 [J]. 知识窗 (教师版), 2015 (07) : 76 - 77.

[48] 罗植琳. 英语微课《中餐翻译四步走》教学设计 [J]. 现代职业教育, 2016 (31) : 75.

[49] 孙泉.基于微课模式的大学英语四级考试翻译教学设计 [J]. 疯狂英语（理论版），2016 (03)：65 - 67.

[50] 莫红利.基于"微课"的英语翻译翻转课堂教学模式研究 [J]. 文教资料，2017（12）：207 - 208，219.

[51] 郭绍青，杨滨.高校微课"趋同进化"教学设计促进翻转课堂教学策略研究 [J]. 中国电化教育，2014 (04)：98 - 103.

[52] 彭新竹.大学英语教学的微课翻转课堂设计[J].安顺学院学报，2017，19 (01)：61 - 63.

[52] 张伟.基于微课的大学英语翻转课堂教学模式研究 [D]. 重庆：四川外国语大学，2016.

[54] 秦小红.浅析大学英语翻转课堂教学模式的前景 [J]. 海外英语，2017 (04)：94，98.

[55] 范秀丽.试论大学英语"翻转课堂"模式 [J]. 赤峰学院学报（汉文哲学社会科学版），2013，34（11）：271 - 272.

[56] 李金英.基于 SWOT 分析的大学英语听说课翻转课堂教学模式探究 [D]. 重庆：四川外国语大学，2016.

[57] 陈曼倩，孙瑶.高职英语微课资源开发的应用实践与前景展望 [J]. 哈尔滨职业技术学院学报，2016 (03)：53 - 55.

[58] 汤海丽.高校英语信息化教学改革与微课教学模式探究 [M]. 北京：冶金工业出版社，2018.

[59] 朱建新.地方应用型大学变革研究 [D]. 杭州：浙江大学，2019.

[60] 范茂.论高校非英语专业大学生英语写作能力的提升策略 [J]. 海外英语，2018(14)：76-77.

[61] 陈红.翻转课堂在高校剑桥商务英语口语培训中的应用及应遵循的基本原则 [J]. 昌吉学院学报，2020(01)：117-121.

[62] 王志雄.微课在高校英语教学中的应用研究 [J]. 新疆职业大学学报，2016，24(04)：105-107，111.

[63] 赵晨倩.翻转课堂在大学英语专业语法教学中的应用 [J]. 课程教育研究，2017（12）：76-77.

[64] 毛婷婷.基于网络资源平台的翻转课堂在初中英语语法教学中的应用研究 [D]. 苏州：苏州大学，2017.

[65] 李艳霞 . "互联网 + 教育"背景下应用型大学英语翻转课堂教学评价体系研究 [J]. 吉林广播电视大学学报，2020(06): 84–85.

[66] 蓝振华 . 转型背景下应用型本科院校大学英语课程教学的研究 [D]. 桂林 : 广西师范大学，2020.

[67] 罗娟 . 转型背景下四川新建本科院校大学英语教学问题研究 [D]. 昆明 : 西南民族大学，2017.

[68] 杨洋，倪兆学，徐岩 . 英语课堂设计与微课教学模式 [M]. 长春 : 吉林人民出版社，2019.

[69] 戴朝晖 . 基于慕课理念的大学英语翻转课堂研究 [M]. 青岛 : 中国海洋大学出版社，2019.

[70] 杨胜娟，王静 . 大学英语教学改革实验及探索 [M]. 成都 : 电子科技大学出版社，2017.

[71] 张婵，郑烨莹 . 翻转课堂教学模式在应用型大学英语教学中的可行性研究 [J]. 呼伦贝尔学院学报，2016，24(03):114–116.

[72] 李振潭，李子玉 . 翻转课堂在应用型本科高校大学英语听说课程中的应用 [J]. 广西教育，2021(47): 159–161.

[73] 付启军 . 应用型本科学院大学英语翻转课堂教学模式下教师队伍建设研究 [J]. 湖北函授大学学报，2015，28(18): 138–139.

[74] 赵丹丹 . 应用型本科院校大学英语翻转课堂教学改革路径探索 [J]. 湖北开放职业学院学报，2021，34（10）：163–164.